El Manual del

TATUAJE POLINESIO

TattooTribes.com

2016

CONTENIDOS

1	INTRODUCCIÓN	p. 4
2	UBICACIÓN EN EL CUERPO	p. 12
3	SÍMBOLOS Y SIGNIFICADOS	p. 20
4	GUÍA RÁPIDA DE REFERENCIAS	p. 68
5	EL PROCESO CREATIVO	p. 86
6	DISEÑOS BÁSICOS	p. 122
	ANEXO - CREACIÓN DE MAORIGRAMAS	p. 136
	BIBLIOGRAFÍA	p. 154

Mate atu he tetekura, ara mai he tetekura

"Cuando una hoja de helecho muere, otra ocupará su lugar"
"La vida continúa en nuestros hijos"

INTRODUCCIÓN

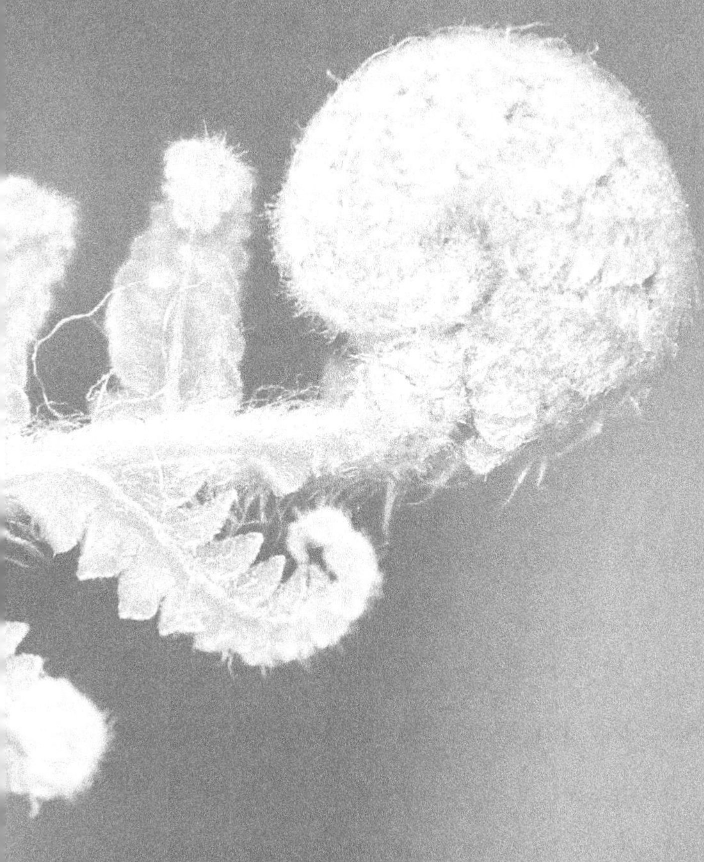

"Mate atu he tetekura, ara mai he tetekura"
—Cuando una hoja de helecho muere, otra ocupará su lugar:
La vida continúa en nuestros hijos.

Polinesia es una subregión de Oceanía, que consta de un grupo de más de 1.000 islas dispersas sobre el Océano Pacífico central y del sur, dentro de un triángulo que tiene a Nueva Zelanda, Hawái y a la Isla de Pascua como sus esquinas. Las personas que habitan en las islas de Polinesia se denominan polinesios y comparten muchos rasgos similares, incluidos el idioma, la cultura y las creencias.

Las lenguas polinesias pueden variar ligeramente de unas a otras, o incluso mucho, dependiendo de la distancia entre los grupos de islas y la frecuencia de sus contactos. Hay algunas palabras que son básicamente las mismas en todas las lenguas de Polinesia y que reflejan el núcleo más profundo de todas las culturas polinesias.
Dos de las más emblemáticas son *moana* (océano) y *mana* (fuerza espiritual, energía).
Es interesante observar lo similares que son estas dos palabras, lo cual no debería ser una sorpresa una vez que entendemos la relación entre las culturas polinesias y el océano.
El océano garantiza la vida. Es también el lugar de nacimiento y de

descanso; es abundancia, prosperidad y protección, siendo tan vital para el hombre como el aire que respira.

Los tatuajes polinesios reflejan esto intensamente.

Tanto en el estilo tradicional con patrones más simplificados y geométricos, como en el estilo moderno (más figurativo, como el estilo presentado en este libro), las criaturas marinas juegan un gran papel en este tipo de tatuajes. Tiburones, mantas, bonitos, erizos de mar... cada uno de ellos adquiere un significado relacionado con su naturaleza, que encarna y pasa al portador del tatuaje.

Por tanto, los tatuajes polinesios son una forma de contar historias sobre sus propietarios (en la medida de convertirse en un documento de identidad figurativa en el caso de los maoríes), o una manera de darles fuerza, protección o poderes, a través de la unión creada con otras criaturas.

El *aumakua* es otro elemento importante; un *aumakua* es una entidad que tiene poderes sobrenaturales (generalmente es un ancestro deificado o un espíritu), que se aparece a los hombres normalmente en forma de un animal, para darles consejos, presagios y, a veces, castigos. En el caso de los antepasados deificados, las familias mantienen en el tiempo una relación especial con sus propios animales, que a menudo pueden ser tiburones, tortugas, rayas u otras criaturas marinas.

La actitud hacia los *aumakua* varía mucho de una isla a otra: algunos consideran los tatuajes de su *aumakua* como un buen augurio y una garantía de protección, mientras que otros los consideran *tapu* (no sólo sagrados, sino también prohibidos) y por lo tanto evitan tatuarlos en sus cuerpos.

El papel de los *aumakua* no es tan diferente del de los animales totémicos de los nativos americanos.

Ellos traen mensajes, nos guían y protegen. Debemos aprender la lección, respetarlos con el fin de preservar el vínculo con ellos y estar protegidos.

El respeto por la naturaleza y sus criaturas juega un papel importante en las culturas polinesias por el equilibrio y la unión de todo lo que nos rodea.

Todo esto debe ser tenido en cuenta en la preparación de un diseño inspirado en Polinesia.

Para un diseño *estrictamente* tradicional debería ser contactado un *tafuga* nativo (maestro del tatuaje) ya que la antigua manera de tatuar se transmite de maestro a discípulo e implica muchos más conocimientos de los que podrían introducirse en un libro.

El estilo de tatuar varía de una isla a otra en función de la evolución de las diferentes tradiciones a partir de los diseños originales comunes, supuestamente derivados de una antigua cultura arqueológica del Pacífico conocida como Lapita.

Los estilos tradicionales más antiguos consisten principalmente en líneas rectas y dependen en gran medida de la repetición de unos patrones básicos, cuyo significado es a veces muy controvertido.

Buenos ejemplos de estos estilos geométricos se encuentran en los tatuajes tradicionales de Samoa y Hawái, o en los de Palau, Fiji o Tonga, por nombrar algunos.

Por supuesto, los tatuajes maoríes y de las Marquesas son ricos en elementos redondeados y comparten un estilo más figurativo. En el caso de las islas Marquesas hay básicamente dos estilos, siendo el de Hiva Oa el más representativo y utilizado en la actualidad.

El tatuaje se ha considerado siempre un proceso sagrado, un ritual para mostrar el valor de uno a todo el mundo, su linaje y sus acontecimientos, así como un medio de comunicación con los dioses. Los maestros de tatuajes eran personas muy importantes, ya que conocían el significado de los símbolos y patrones y cómo relacionarlos creando una obra de arte personal para cada hombre o mujer. Pasaban su conocimiento "verticalmente", es decir, de padre a hijo, de maestro a discípulo, sin difundir ampliamente, debido a su naturaleza sagrada.

Desafortunadamente esto y las prohibiciones siguientes a la colonización europea causaron gran pérdida de este conocimiento.

Hoy en día conocemos muchos patrones y elementos, pero muy pocos de ellos pueden asociarse a un significado específico fuera de duda.

Hay casos en que podemos obtener algún tipo de ayuda de otros medios, como la pintura de telas *Kapa*: diseños utilizados en los tatuajes se han empleado, a menudo, también en otros contextos y hay registros sobre ellos; sabemos sus nombres (muy similares a sus versiones tatuadas correspondientes), su simbología y, a veces, su significado, pero por desgracia no podemos asegurar que siempre sean los mismos.

Por esta razón, este libro no se centra en un estilo específico, sino que recoge símbolos, patrones y elementos de diferentes culturas y estilos de Oceanía, seleccionando los que son más ampliamente conocidos y utilizados; ya que los mismos símbolos pueden tener diferentes significados en diferentes culturas, vamos a enumerar aquí los más importantes junto con la simbología asociada más frecuentemente.

Se presta especial atención a su ubicación en el cuerpo, a la relación entre los diferentes símbolos y cómo elegirlos para crear un diseño que va más allá de la simple estética para contar una historia, con ejemplos de la vida real y casos de estudio explicados con detalle.

También hay que abrir un breve paréntesis sobre escritos y letras incorporados en los diseños polinesios.
No teniendo las culturas polinesias alfabetos escritos, los tatuajes polinesios tradicionales tampoco los incluían.

▼   ▼   ▼   ▼   ▼   ▼   ▼   ▼   ▼   ▼   ▼   ▼   ▼   ▼

¿Cómo podemos tratar con ellos?

¿Cómo pueden convertirse en parte de un diseño de estilo polinesio sin que parezca que están fuera de lugar?

La solución que adoptamos se llama *maorigramas*.

El anexo del libro se ocupa de ellos, con instrucciones paso a paso para explicar la forma de crearlos.

Ko main kai atu ko maru kai mai ka ngohengohe

"Da tanto cuanto tomas y todo estará bien"
"No seas egoísta, vive una vida equilibrada"

"Ko main kai atu ko maru kai mai ka ngohengohe"
—Da tanto cuanto tomas y todo estará bien:
No seas egoísta, vive una vida equilibrada.

La ubicación en el cuerpo juega un papel importante en los tatuajes polinesios. Hay varios elementos que heredan un significado específico en función de su localización, e incluso, la relación entre los elementos y su posición relativa tiene una influencia sobre el significado de un tatuaje.

Los seres humanos son hijos de Rangi (el Cielo) y Papa (la Tierra), que una vez estaban unidos. La búsqueda del hombre es volver a encontrar esa unión y el cuerpo idealmente puede ser visto como un vínculo entre Rangi y Papa, con la parte superior relacionada con el mundo espiritual y la parte inferior relacionada con el mundo material. También la localización de algunos elementos en el cuerpo sugiere que la parte posterior puede estar relacionada con el pasado y la parte frontal con el futuro.

Comúnmente, la izquierda se asocia con la mujer y la derecha con el hombre.

Un tatuaje debe entonces basarse en el equilibrio y la unión, con elementos relativos tanto a Rangi como a Papa; asímismo la colocación de los tatuajes en el cuerpo sigue un principio de equilibrio por lo que un tatuaje en la pierna izquierda podría ser igualado por otro en el brazo derecho, etcétera.

Vamos a ver el cuerpo en detalle:

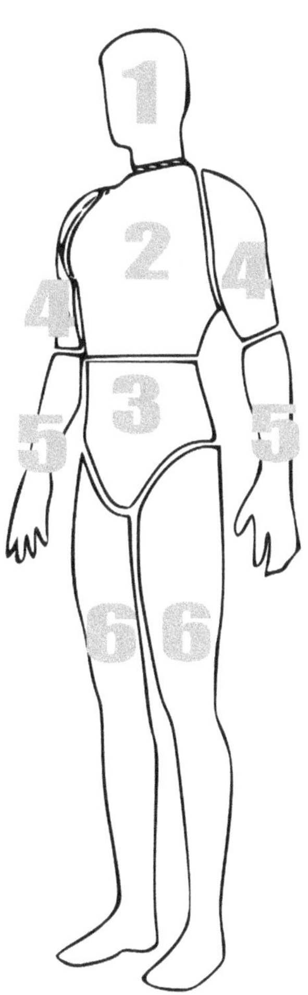

1. Cabeza

Es nuestro contacto con Rangi y, como tal, se relaciona con la **espiritualidad**, el **conocimiento**, la **sabiduría** y la **intuición**.

Los maoríes dieron gran importancia a cabeza y cara y su tatuaje facial, llamado *Tā Moko*, representaba un documento de identidad, la presentación de información acerca de un hombre, de su condición y acciones, de sus ancestros y también de los acontecimientos de ellos. Por esta razón copiar un tatuaje facial se considera muy ofensivo: es como robar la identidad de alguien, afirmando que su propia historia pertenece a otra persona.

2. Parte superior del torso

Por encima del ombligo hasta el pecho.
Relacionada con la **generosidad**, la **sinceridad**, el **honor**, la **alegría** y la **reconciliación**. Se sitúa entre Rangi y Papa y con el fin de tener armonía entre ellos, el equilibrio debe existir en esta área.

3. Parte inferior del tronco

A partir de los muslos hasta el ombligo.
Esta parte del cuerpo está relacionada con la **energía de la vida**, el **valor**, la **sexualidad**, la **procreación** y la **independencia**.
Los muslos, en particular, se refieren a la **fuerza** y al **matrimonio**.
El vientre es donde se origina el *mana*, mientras que el ombligo representa la independencia debido al significado simbólico asociado al corte del cordón umbilical.

Se debe agregar una nota al respecto: la independencia tiene un valor positivo en la sociedad polinesia, como en casi todas las demás, pero no el individualismo. Toda la gente que depende del mar para vivir conoce la importancia de la sociabilidad. Los polinesios construyeron toda su cultura alrededor de esta. La familia se convierte en un grupo más grande, donde también los vecinos y los amigos juegan un papel importante. Una famosa palabra para definir esta "familia ampliada" viene de Hawái: es *'Ohana*, que indica el grupo familiar, incluyendo parientes, amigos y consanguíneos, que colaboran en la crianza de los niños, su alimentación y su enseñanza.

4. Brazos y hombros

Hombros y brazos por encima del codo se asocian a la **fuerza** y al **valor**, estando relacionados con los guerreros, los jefes.

La palabra maorí *kikopuku*, utilizada para designar esta parte, es la unión de las palabras *kiko* (carne, cuerpo) y *puku* (hinchada). *Puku* como prefijo o sufijo también se utiliza como un intensificador de la palabra que califica, reforzando la idea de brazos fuertes.

5. Antebrazos y manos

Desde debajo del codo.

La misma palabra se usa para referirse tanto al brazo como

a la mano. Esta parte del cuerpo se relaciona con la **creatividad**, la **creación**, **hacer cosas**.

6. Piernas y pies

La misma palabra se usa para referirse a ambos.

Las piernas y los pies representan **avanzar**, **transformación**, **progreso**. Están también relacionadas con **separación** y **elección**.

Los pies, siendo nuestro contacto con Papa, la madre naturaleza, están igualmente relacionados con **concreción** y **cosas materiales**.

Articulaciones

Las articulaciones representan **unión**, **contacto**.

Si nos fijamos en el cuerpo como un reflejo de la sociedad, podemos entender por qué las articulaciones, siendo los puntos donde los diferentes huesos se encuentran, representan diferentes grados de relación entre los individuos: cuanto más lejos de la cabeza (el jefe de la familia), mayor será la distancia en el parentesco, o menor el estado social.

Tobillos y muñecas representan un **vínculo** y las pulseras colocadas allí (sobre todo el patrón a cuadros) simbolizan un **compromiso**.

Las rodillas están relacionadas con los jefes (arrodillarse delante de ellos).

Nota al margen:

las reglas del posicionamiento tradicional no deben permitir que la colocación de los tatuajes en cualquier parte del cuerpo se considere inadecuada: creemos que un tatuaje debe ser significativo para su propietario antes que para cualquier otra persona.

O le malie ma le tu'u malie

"Cada tiburón se paga"
"Nada se consigue sin esfuerzo"

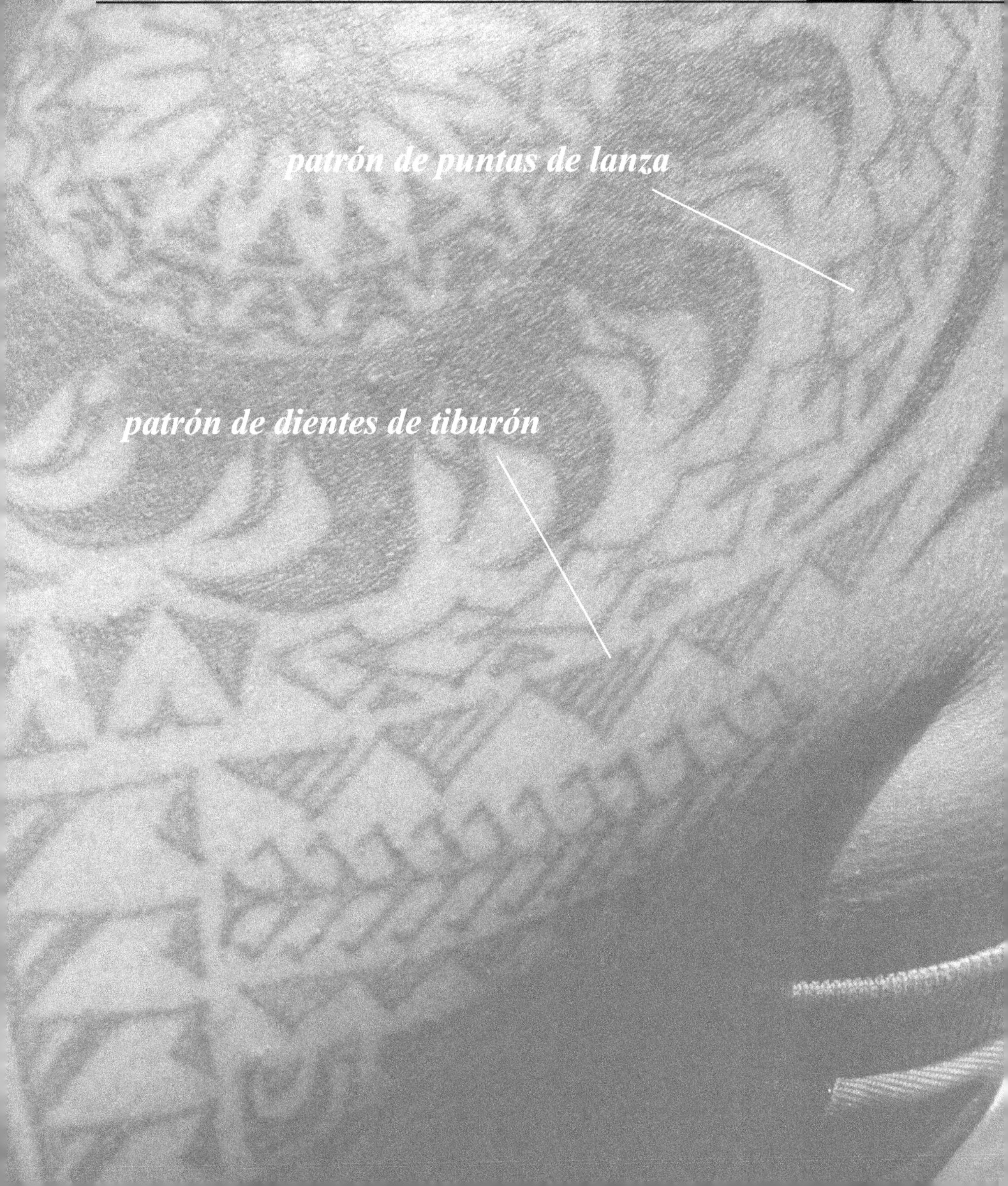

patrón de puntas de lanza

patrón de dientes de tiburón

"O le malie ma le tu'u malie"
—Cada tiburón se paga*:*
Nada se consigue sin esfuerzo.

En este capítulo se ofrece una breve lista de los símbolos y patrones más comunes utilizados en los tatuajes, recopilados por toda Oceanía, junto con el significado que normalmente se les asocia.

Hay muchos más símbolos y patrones de los que vamos a exponer, de los cuales o no se conoce su significado o no podemos estar seguros del mismo. Como Oceanía tiene decenas de islas principales y cientos de otras más pequeñas, es casi imposible asociar un significado único a cada elemento. Por la misma razón es casi imposible "leer" un diseño existente ya que está fuertemente relacionado con las decisiones y elecciones del maestro de tatuajes que lo diseñó, aunque el significado general puede deducirse por los principales elementos incorporados en él.

Gran parte de los símbolos conocidos provienen de las tradiciones de las Marquesas, siendo publicado el registro más completo que tenemos de los tatuajes polinesios en 1928 por Karl von den Steinen, basado en las notas tomadas durante su expedición a las islas Marquesas en 1897-98.

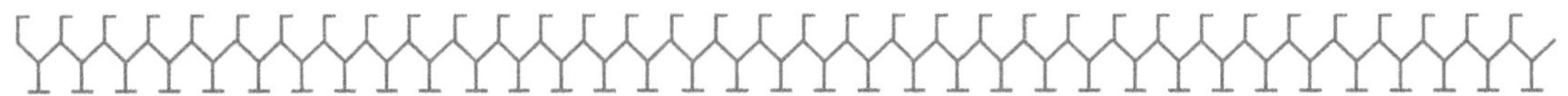

Figuras humanas

Enata

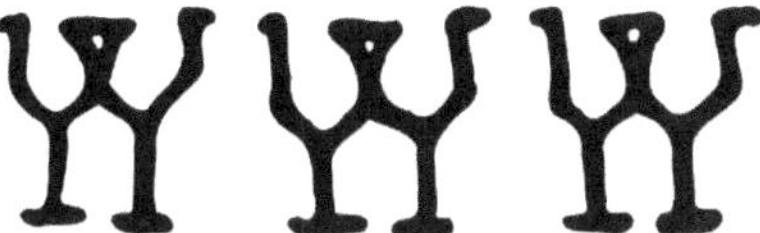

Las figuras humanas, o *enata* en el lenguaje de las Marquesas, representan hombres, mujeres y a veces dioses. Se pueden colocar en un tatuaje para representar a las personas y sus relaciones: amigos, parientes, seres queridos. Colocadas boca abajo se pueden utilizar para representar enemigos vencidos.

Los siguientes ejemplos de motivos *enata* muestran cómo el símbolo evolucionó a partir de su representación pictórica hasta llegar a la versión simplificada de uso general:

Primera simplificación:

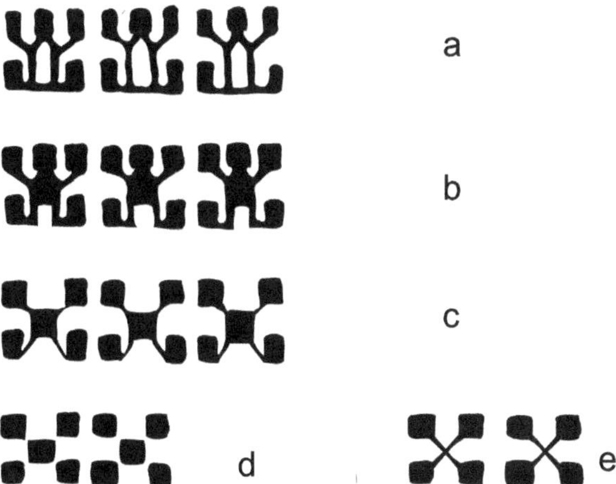

Segunda simplificación:

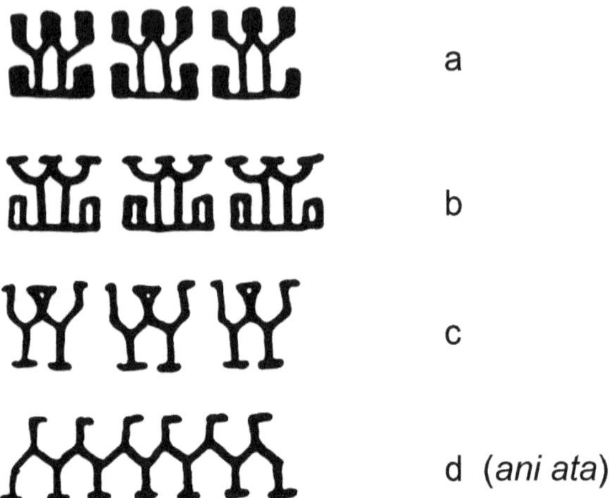

a

b

c

d (*ani ata*)

Enata muy simplificados, unidos en una única fila de personas, forman el patrón llamado *ani ata*, lo que se traduce en "cielo nublado": Rangi (Cielo) y Papa (Tierra) yacieron hace mucho tiempo juntos, abrazándose el uno a la otra y sus hijos vivían entre ellos en la oscuridad, hasta que unos hombres-dioses los forzaron a separarse, empujando Rangi hasta que se colara la luz. Este concepto, de una fila relacionada con el cielo, está presente en toda Polinesia y una fila de *enata* en un semicírculo, es comúnmente usada para representar el cielo, así como los antepasados que velan por sus descendientes:

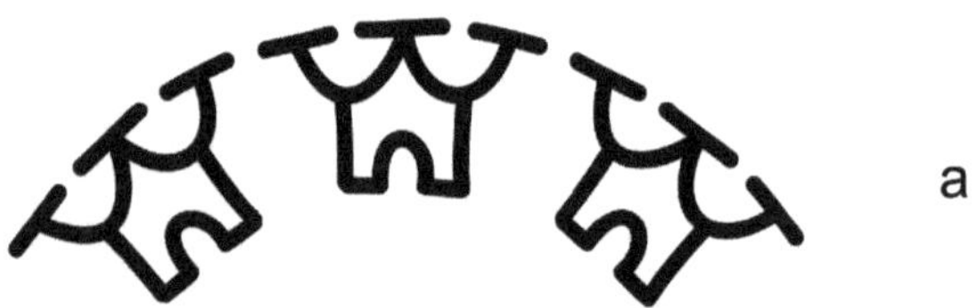

a

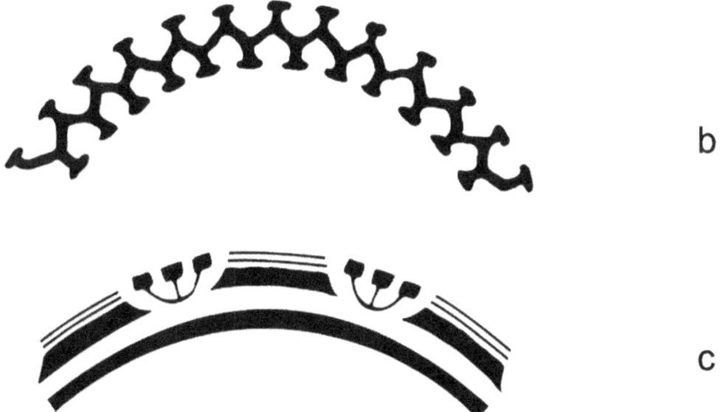

b

c

Dos figuras humanas simétricas unidas y enfrentadas se utilizan tradicionalmente para representar el matrimonio:

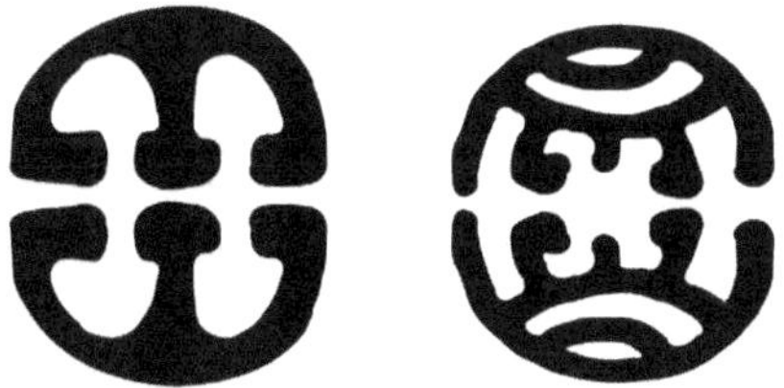

El hombre y la mujer a veces se diferencian, sobre todo cuando lo que se representa es una pareja:

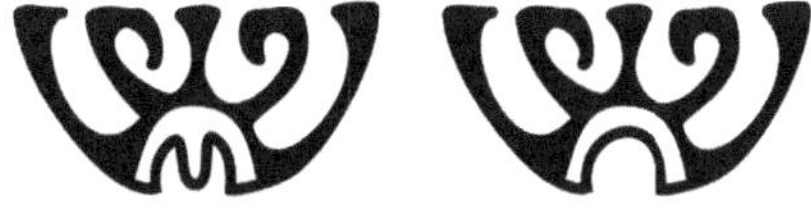

Otras versiones de figuras humanas se utilizan también para representar un guerrero, especialmente cuando sostiene una lanza por encima de la cabeza (véase también la siguiente entrada, guerrero):

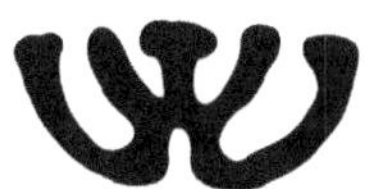

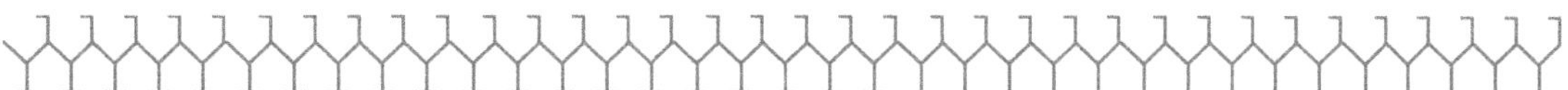

Guerrero

Kena

Kena es un héroe mitológico marquesano y se le da el mismo nombre al símbolo que lo representa, utilizado a menudo para simbolizar a un guerrero:

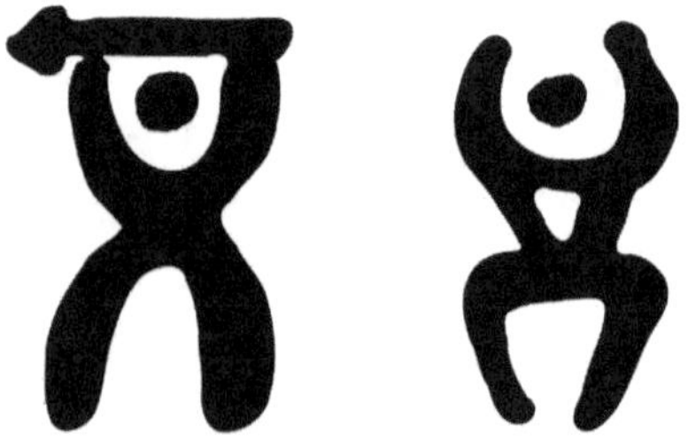

A partir de *Kena* se originaron los siguientes motivos simplificados, con la versión B que cuenta sólo con el torso, la cabeza y los brazos:

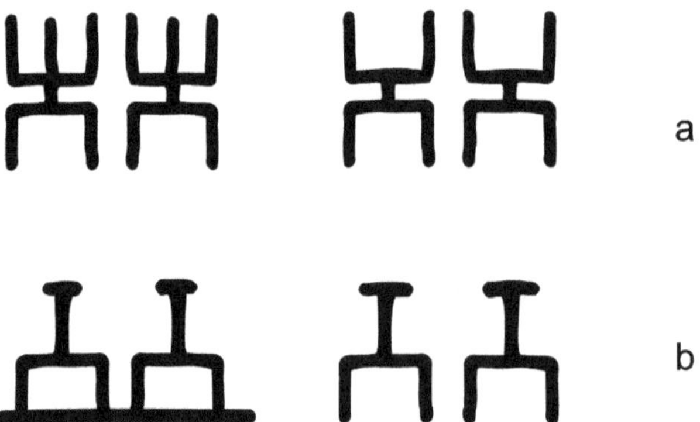

Puntas de lanza

Otro símbolo tradicional para representar a un guerrero es la lanza:

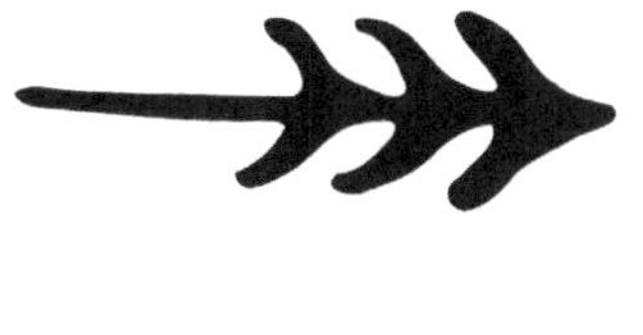

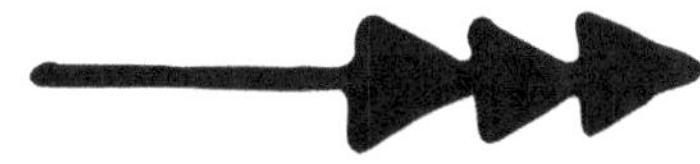

que suele ser simplificada como una fila de puntas de lanza, de las cuales, algunas variantes aparecen a continuación:

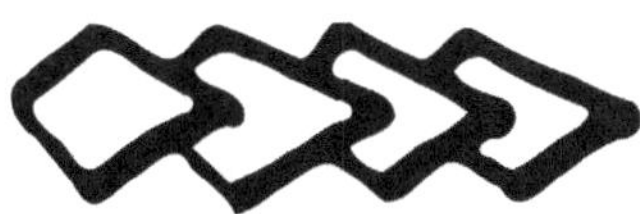

Las puntas de lanza son simbólicas también para los objetos afilados y se pueden utilizar para representar el aguijón de las mantarrayas y los animales machos.

Azuela

 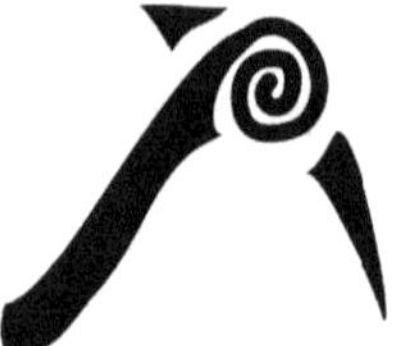

Las azuelas de piedra sirvieron para múltiples usos y la guerra era sólo uno de ellos. Fueron utilizadas para tallar canoas, como bastón de mando en manos de oradores y para construir las *marae* (casas alargadas utilizadas como lugar de encuentro de la comunidad).

Son un símbolo de **artesanía**, **laboriosidad**, **autoridad**, **fuerza** (física y moral), y **superación de los obstáculos**.

Ciempiés

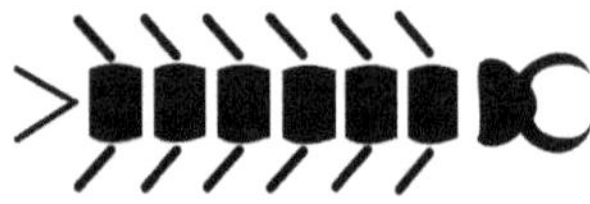

Aunque la picadura del ciempiés es inofensiva, su simbolismo recuerda mucho al del escorpión. Su naturaleza y actitud agresiva hicieron que simbolizara el **espíritu de lucha**, el **guerrero**.

Significados relacionados son la **determinación**, la **rebelión**.

Las siguientes dos imágenes son, respectivamente, una simplificación del ciempiés y un motivo tradicional representándolo.

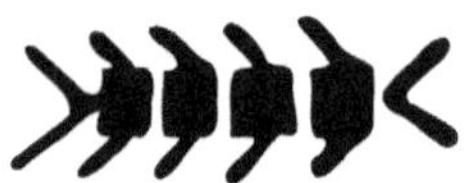

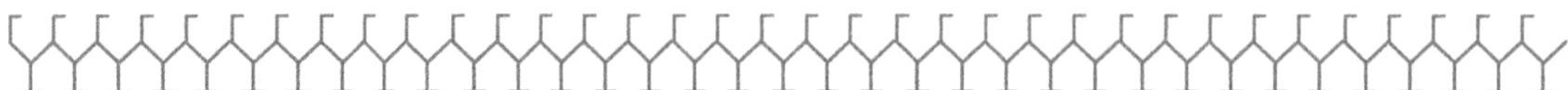

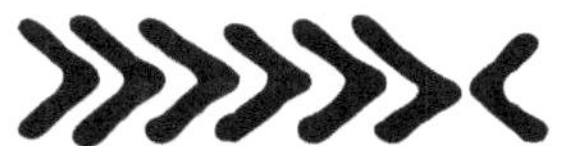

Mere

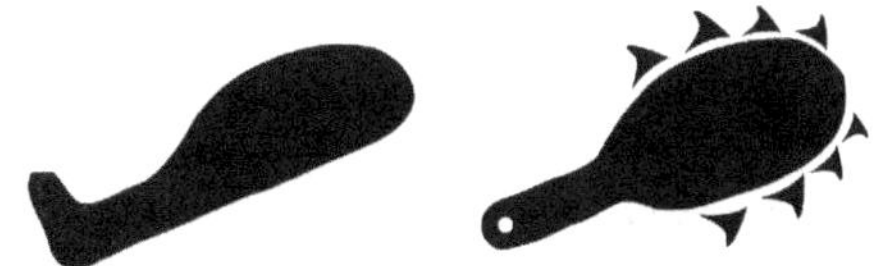

Las *mere* son cortos bates planos utilizados en la guerra, principalmente por los jefes. Se transmiten a través de las generaciones y, a veces, se intercambian en ocasiones solemnes, por lo cual representan al **líder**, **honor**, **respeto**, **nobleza**, **grandeza** y todos esos rasgos que un jefe respetado debe tener.

Lagarto

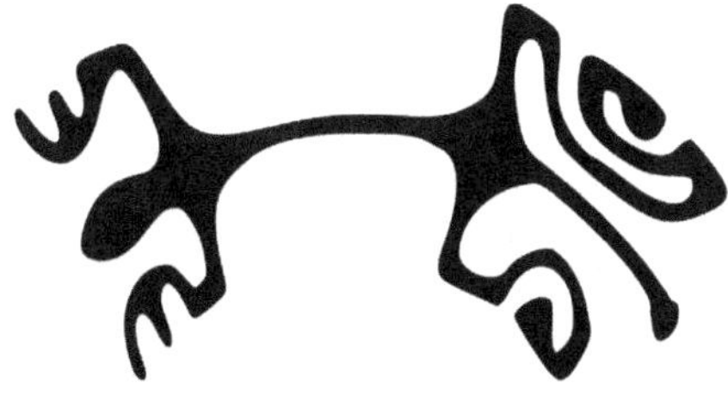

Lagartos y gecos son llamados *mo'o* o *moko* y juegan un papel importante en los mitos de Polinesia.

Dioses (*atua*) y espíritus menores se aparecían a menudo a los hombres bajo la forma de lagartos y esto puede explicar por qué el

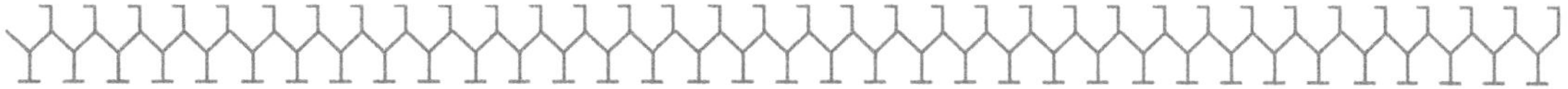

elemento simplificado utilizado para representar el lagarto es muy similar al símbolo simplificado utilizado para el hombre.

Los lagartos son criaturas poderosas que pueden traer **buena suerte**, **comunicar con los dioses** y **acceder al mundo invisible**, así como traer la muerte y malos augurios a la gente no respetuosa.

En la cultura aborigen australiana los lagartos representan **regeneración**, **transformación** y **supervivencia a través de las dificultades**. En la cultura maorí se les considera **guardianes** y, a veces, eran enterrados junto a las casas de nueva construcción, o tallados en sus paredes, para **mantener alejadas todas las enfermedades y los espíritus malignos**.

La siguiente serie de patrones muestra cómo, simplificando la lagartija, se llega a un diseño que recuerda muy de cerca a los *enata* simplificados; los lagartos son considerados antepasados de los hombres y esta puede ser otra razon para tal similitud.

Simplificación:

a   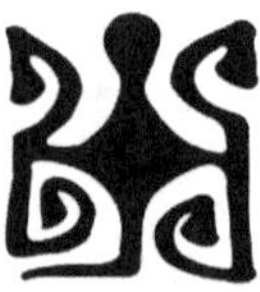

b   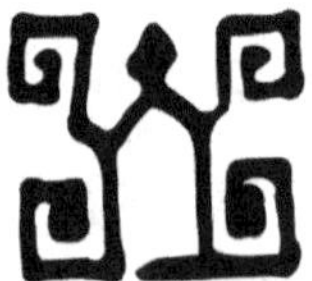

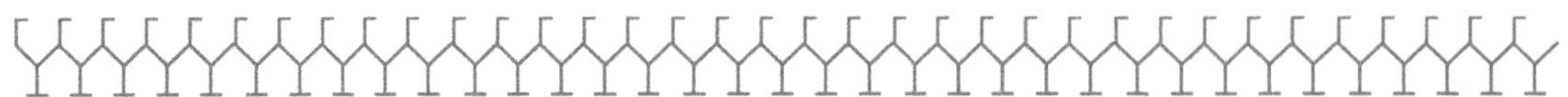

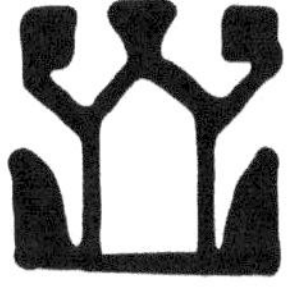

c

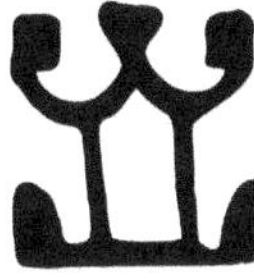

d

Moko es también el nombre del tatuaje facial maorí, que igualmente se considera sagrado y cuyo nombre puede derivar de los primeros diseños, los cuales contaban con lagartos como signos de ascendencia divina y, por lo tanto, fueron adoptados por los jefes. Patrones de lagarto en la cara eran también comunes a los antiguos tatuajes hawaianos, y es fácil pensar que los navegantes los conocían cuando salieron de la tierra natal de Hawaiki para descubrir la nuevas tierras de Aotearoa y Hawái, donde más tarde se establecieron.

Según los mitos maoríes, el *Tā Moko* tiene un origen divino y no debe ser mal utilizado por los no maoríes (*pakeha*), que pueden, en su lugar, utilizar el estilo *kirituhi* (literalmente, piel pintada).

En el *Tā Moko* los elementos son tan importantes como su posicionamiento, y transmiten información sobre el portador, su rango y el de sus antepasados. El *kirituhi* es sólo un estilo decorativo que recuerda el *Tā Moko* y se puede aplicar en cualquier parte y por cualquier persona.

Tortuga

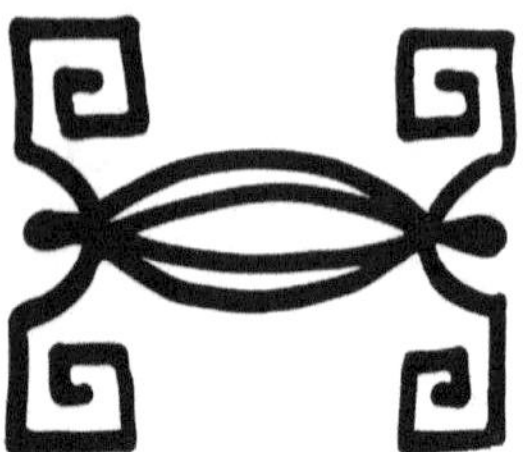

La tortuga, u *honu*, es otra criatura importante en todas las culturas de Polinesia y cuenta con varios significados.

Principalmente, las tortugas marinas simbolizan **salud**, **fertilidad**, **larga vida**, **fundación**, **paz**, el **descanso**, el **navegador**.

La palabra *hono* que designa a la tortuga en lenguaje marquesano tiene también otros significados, entre los cuales resalta "unir, coser juntos", que puede explicar por qué la tortuga también representa la unión, la familia (otra explicación puede ser que las tortugas marinas cruzan todo el océano para llegar a la orilla donde nacieron y donde van a parir a sus propias crías).

El océano es la fuente de vida de los isleños; el mar de Polinesia es rico en todo tipo de peces y representa prosperidad, pero a menudo es también el lugar de último descanso. La tierra y el mar son las dos mitades del mundo, la tortuga puede vivir en y sobre ambos y pasar de uno a la otra. Por eso se cree que la tortuga puede moverse entre el mundo de los vivos y el más allá, guiando a los difuntos a lo largo de su último viaje, llevándoles a salvo a su lugar de descanso.

Al contrario de lo que a veces se cree, dibujar tortugas con la cabeza hacia arriba no implica que esté llevando el alma de una persona

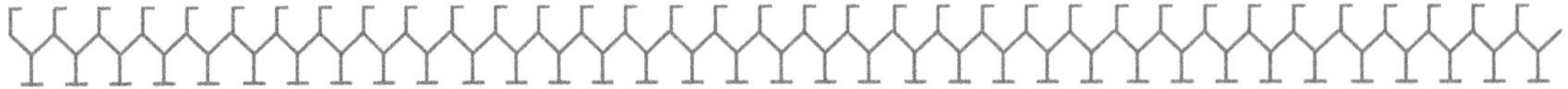

muerta al otro mundo: en los mitos polinesios Rangi es donde deidades y algunos espíritus residen y donde las almas de los hombres y mujeres son creadas antes de su nacimiento, pero no donde suelen ir después de la muerte. Ese es un concepto occidental que no refleja las creencias pre-contacto.

Para representar a una persona muerta llevada a su lugar de descanso, se puede colocar una figura humana en su caparazón.

Dos símbolos *enata* acoplados, como los de la siguiente figura, son una forma tradicional para la representación de una tortuga (se observa la forma muy parecida a la de la primera imagen de la página anterior):

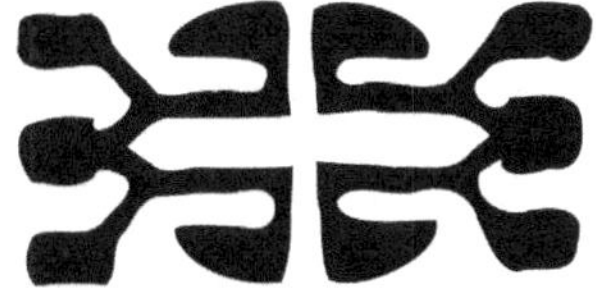

Otros patrones se derivan directamente del dibujo propio de su caparazón según una simplificación progresiva:

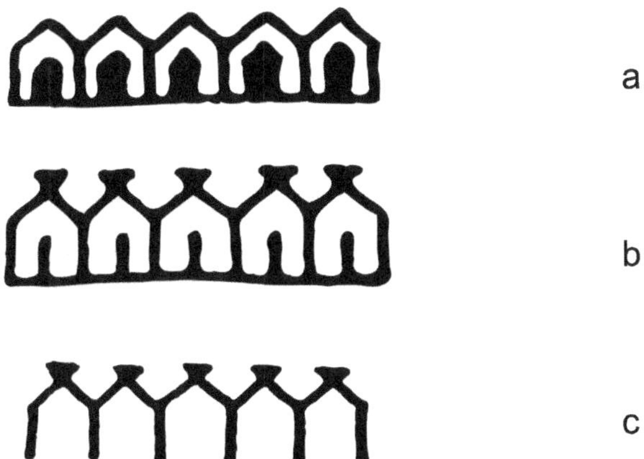

a

b

c

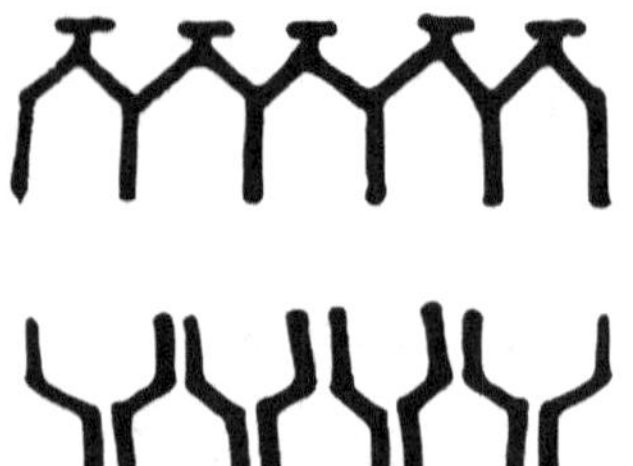

Peces

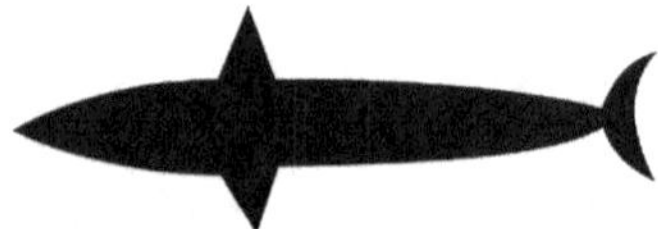

El pescado es la principal fuente de alimentos para la gente de Polinesia. Los peces simbolizan **riqueza**, **abundancia**, **prosperidad**, **vida**.

Algunos peces se representan con patrones que identifican un rasgo específico que tienen, como los dientes de tiburón, que aparecen en la mayoría de los diseños.

Una fila de dientes de tiburón tatuados alrededor del tobillo tiene su origen a partir de una leyenda hawaiana: una vez una mujer fue mordida en el tobillo por un tiburón mientras nadaba. El tiburón era su *aumakua*, pero la mordió porque no la reconoció en un primer momento. Cuando la mujer gritó su nombre el tiburón la soltó y se disculpó por su error. Él prometió que no repetiría el error porque la marca de los dientes alrededor de su tobillo ahora la identificaría de manera evidente.

Por esa razón, una fila de dientes de tiburón se tatúa en el tobillo para tener **protección en el agua**.

Peces, como símbolo de abundancia, también se ofrecían a los dioses para obtener su **bendición** sobre una nueva casa o canoa y a menudo los pescadores ofrecían su primer pez al dios del mar Tangaroa.

Estas son algunas simplificaciones de peces:

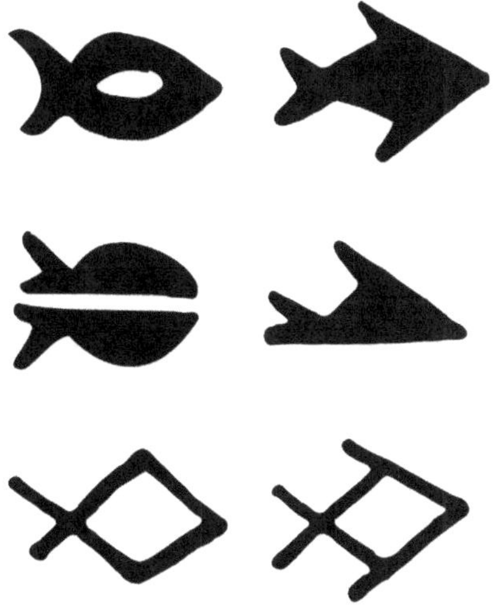

Otro patrón procedente de Hawái está hecho de escamas de pescado y representa **protección**:

variantes de escamas de peces

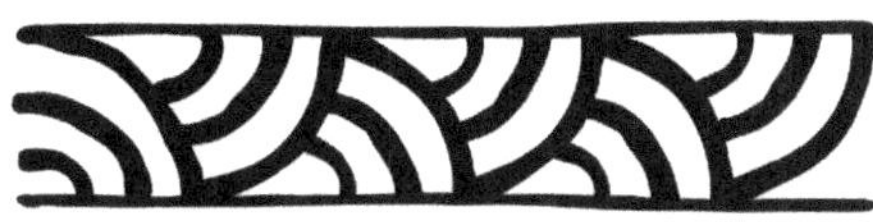

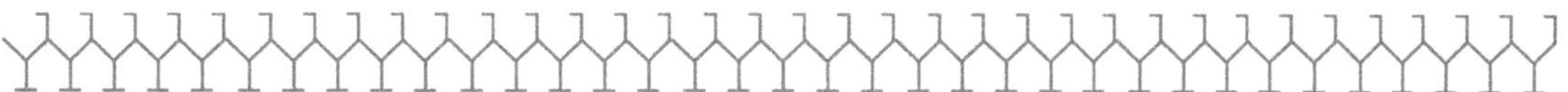

Tiburón

Los dientes de tiburón, o *niho mano*, merecen un espacio propio: los tiburones son una de las formas favoritas que los *aumakua* eligen para aparecerse a los hombres. Representan **protección**, **guía** y **fortaleza**, **fiereza**, el **guerrero**, y también en muchas culturas son símbolos de **adaptabilidad**.

Los ejemplos siguientes muestran la simplificación de los dientes de tiburón, tanto individuales como dobles:

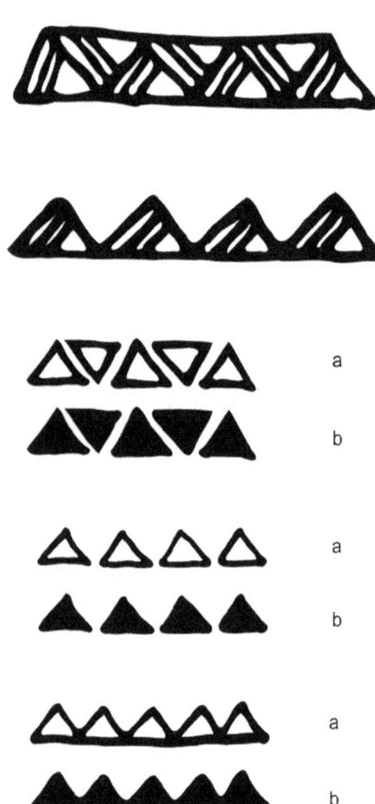

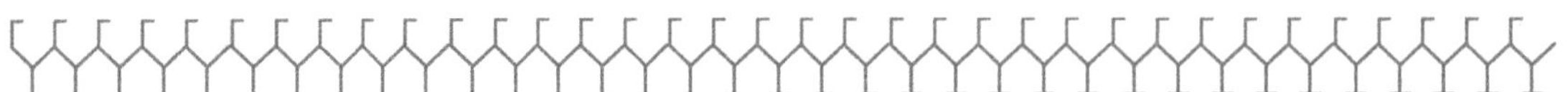

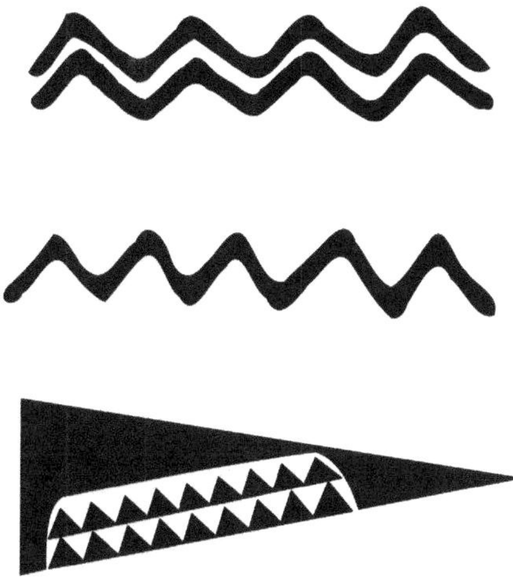

Tiburón martillo

Los tiburones martillo representan la **tenacidad**, la **fuerza** y la **determinación** y también son un símbolo de la **sociabilidad**, ya que siempre se mueven en grupos masivos.

A continuación algunos ejemplos de patrones maoríes muestran el motivo del tiburón martillo (*mango pare*), a partir del más complejo a otros más simples:

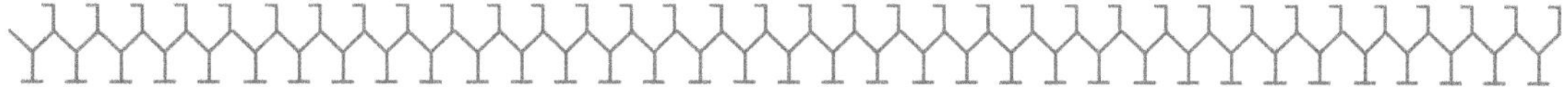

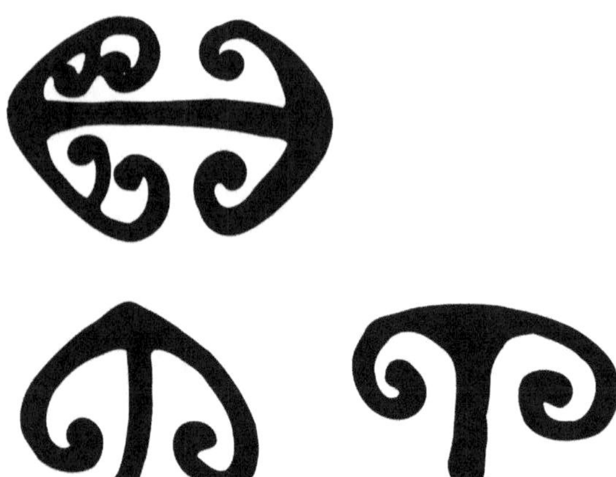

Bonito

Existe un patrón que se asemeja a los dientes de tiburón y se llama en realidad "cola de bonito" o *hiku atu*. Representa el bonito (un atún) y simboliza **energía**, **agilidad**, **habilidad** y **abundancia**:

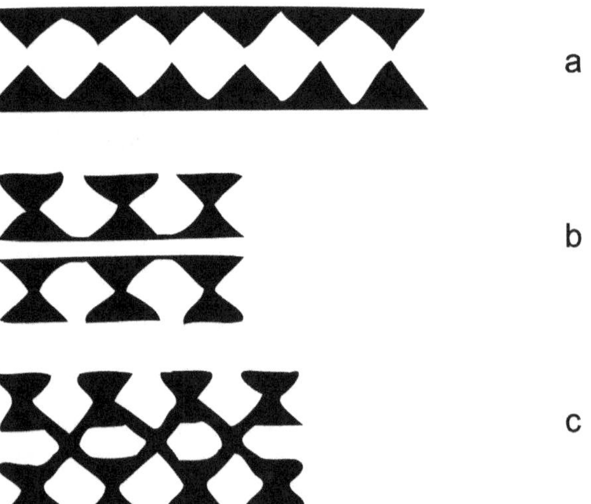

Morena

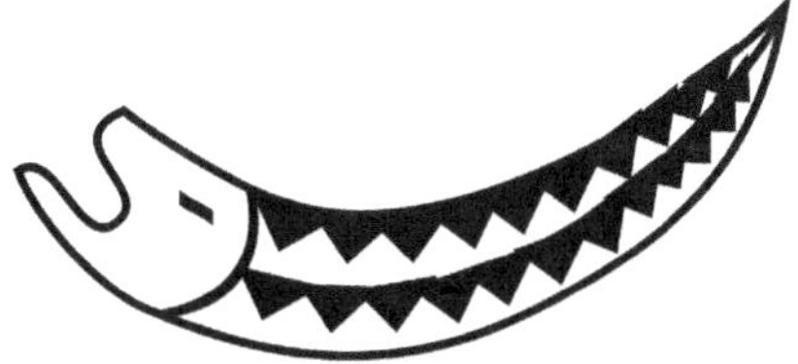

Las morenas a menudo aparecen en los mitos polinesios como malos espíritus. Pueden vivir en el mar y en aguas dulces y hay muchos cuentos de morenas que engañaron y devoraron a hombres.

Simbolizan **malos espíritus**, **adversidades**, **enfermedades**.

Aquí hay dos simplificaciones:

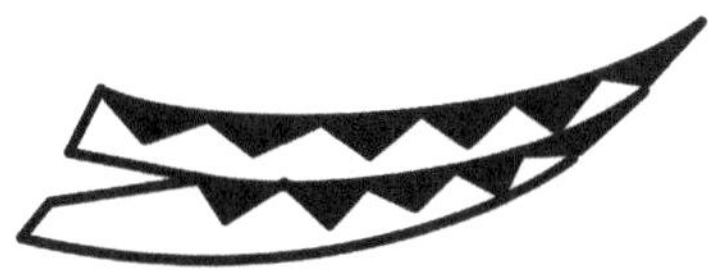

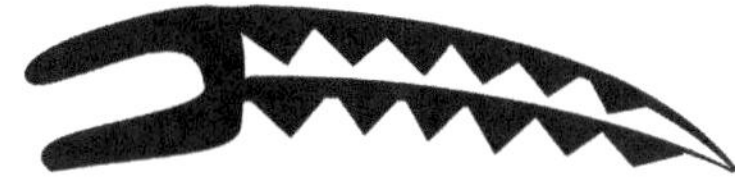

Ballena

patrón tradicional marquesano

Las ballenas representan la **abundancia** y, sobre todo, cuando están junto a sus crías, la **familia**, la **crianza** y el **cuidado**.

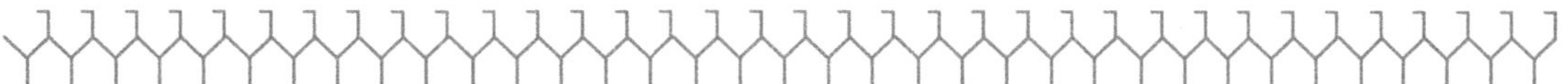

Más criaturas marinas y sus significados:

<u>Delfines</u>: simbolizan la **alegría**, el **juego**, la **amistad**.

<u>Barracudas</u>: representan **fiereza, determinación**, el **guerrero**.

<u>Marlins</u>: son un símbolo de **velocidad** y **mente aguda, dirigiéndose directamente a sus objetivos.**

<u>Rayas</u>: simbolizan **elegancia, libertad, sabiduría** y **protección**.

<u>Erizos de mar</u>: tienen un **exterior robusto y escabroso**, pero un **interior suave y delicioso**. También pueden simbolizar la **luz en la oscuridad**.

<u>Orcas</u>: representan la **protección de la familia, fuerza, rapidez** y **letalidad**.

<u>Aves</u>

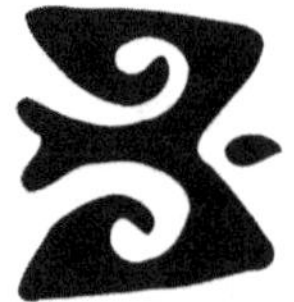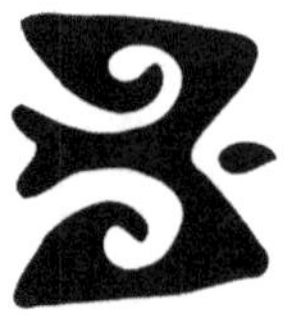

Su significado proviene de sus hábitos y comportamientos y aparecen en muchos proverbios y refranes de Polinesia.

En general, representan la **libertad**, la capacidad de **elevarse** por

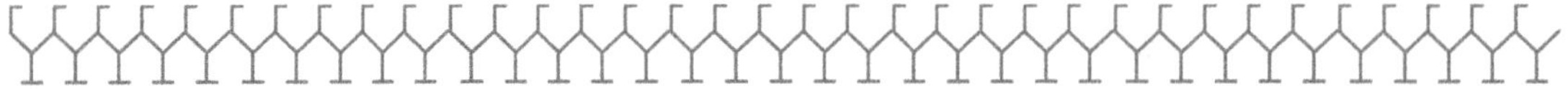

encima de lo terrenal para ver el mundo desde una **perspectiva superior** y se consideran **mensajeros** de los *atua*, los dioses.

gaviota

<u>Las fragatas</u> son viajeros de larga distancia y simbolizan el **viaje**, el **descubrimiento**.

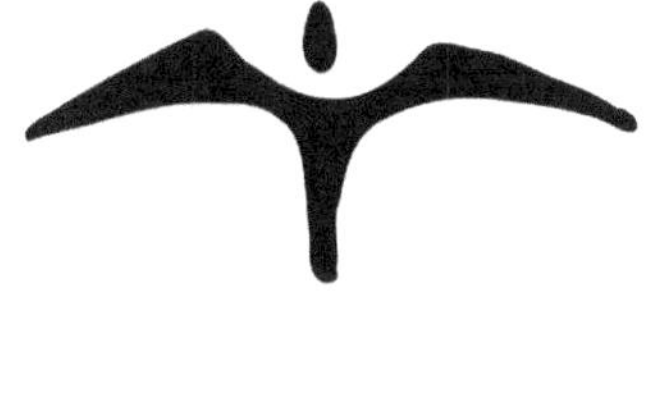

fragata

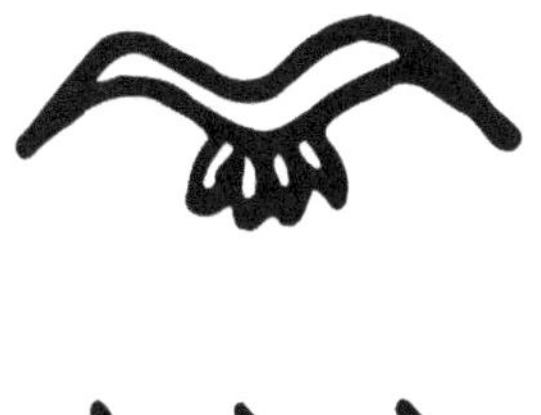

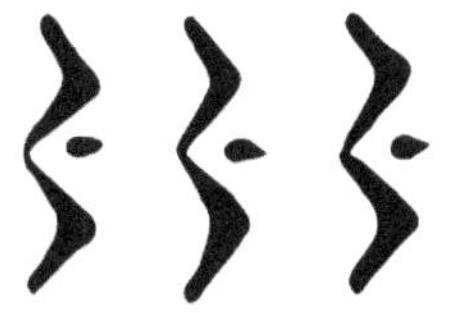

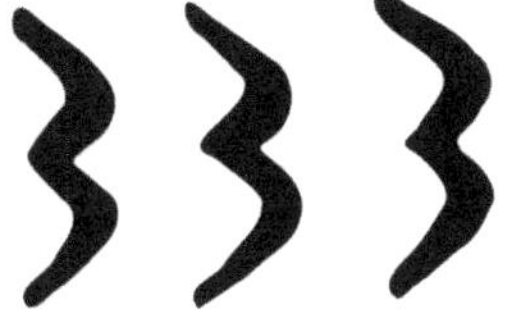

<u>Las palomas</u> eran comunes en la vida de la gente de Polinesia y eran cazadas para complementar su alimentación junto con los frutos de la tierra y del mar. Su simbolismo se debe a sus hábitos: las palomas se aparean de por vida y cuando una resulta herida, su compañero vuela hacia ella para cubrirla con sus alas con el fin de protegerla, incluso si esto puede significar poner en riesgo su vida.

Por eso, el diseño de dos palomas persiguiéndose simboliza los **compañeros, ayudarse uno a otro en tiempos de necesidad.**

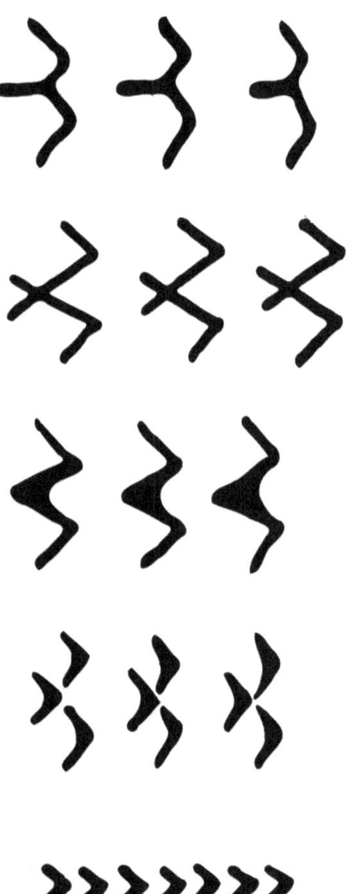

paloma

Un ave diferente entre una multitud de otras similares se utiliza para representar el **orgullo**, la **unicidad**:

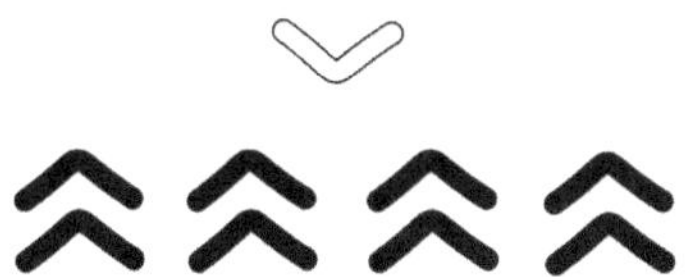

<u>Los zorros voladores</u> son los mayores murciélagos del mundo y son nativos de Australia. Son animales altamente sociales que viven en comunidades grandes que comprenden a veces miles de ellos.

Se alimentan de frutas y nunca salen de su comunidad, incluso después de haber alcanzado la madurez. Son el símbolo de la **comunidad**, del **instinto maternal**, pero también de **laboriosidad** e **hiperactividad**.

El siguiente ejemplo muestra su patrón, así como aparece en el tatuaje tradicional de Samoa llamado *pe'a*.

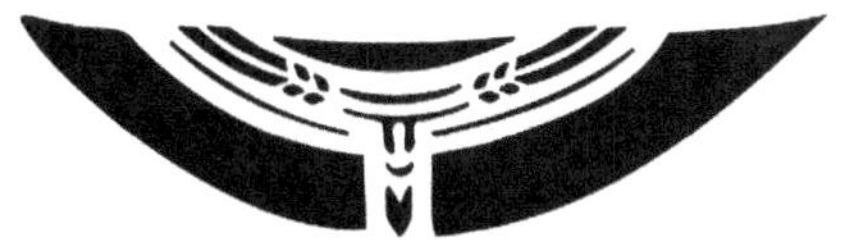

zorro volador
(trad. samoano)

En los diseños polinesios el **fuego** es a menudo representado por las aves.

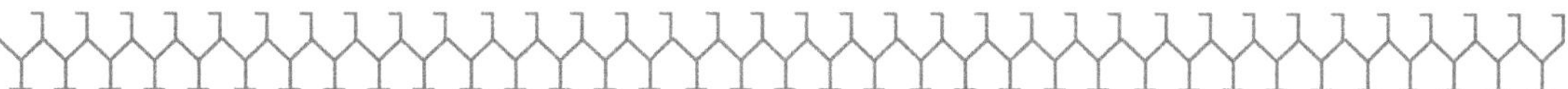

Pesca y caza

La pesca y la caza eran las dos actividades principales de los habitantes de la antigua Polinesia, en tiempo de paz. Muchos son los significados relacionados con estos aspectos de la vida cotidiana y un **hábil** cazador o pescador siempre era respetado y honrado.

Anzuelo

El Océano Pacífico tiene tal abundancia de peces que sólo el poseer un anzuelo era motivo de prosperidad. Los anzuelos o *matau* son, de hecho, símbolos comunes de **riqueza**, **prosperidad**, **abundancia**, **suerte**. Cuando un concepto queda entendido y se mantiene, al igual que un pez, los anzuelos se utilizan para simbolizar el **conocimiento**, la **inteligencia**, pudiendo representar también una **promesa**.

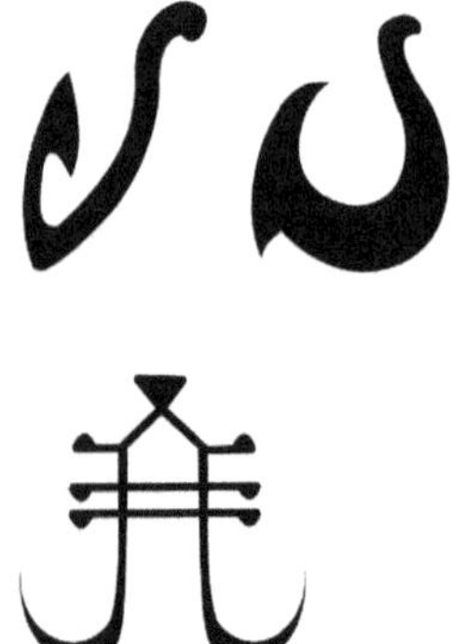

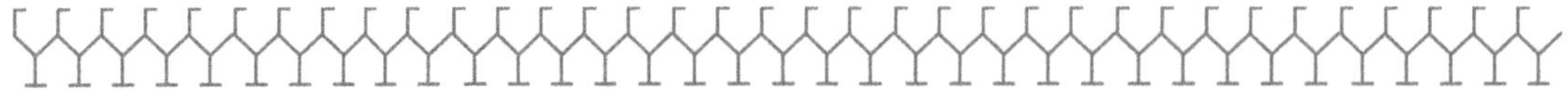

Redes para pajaros

Cuando cazaban pajaros, los polinesios tendían redes especiales entre los árboles para que las aves cayeran en ellas al huir de los cazadores. Las redes representan **abundancia**, **solidaridad**, **habilidad**. Ya que están hechas de varias cuerdas tejidas juntas para lograr el resultado final, simbolizan el **trabajo en equipo**, **unión**. También representan la generosidad porque es importante en la vida mostrarla hacia los pescadores y cazadores menos afortunados: ayuda a crear una comunidad más fuerte donde todo el mundo siempre tiene lo suficiente para vivir; nunca sabemos cuando será nuestro turno para tener mala suerte y necesitar un poco de ayuda.

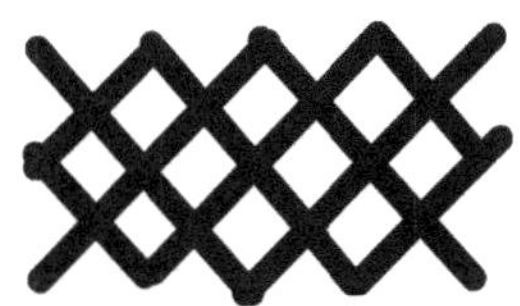

Simplificaciones:

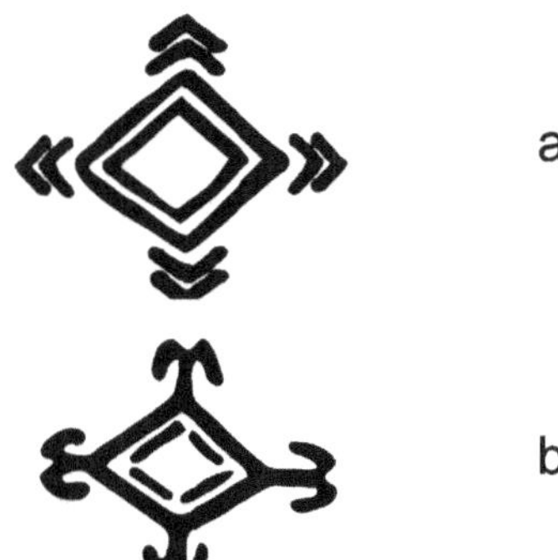

a

b

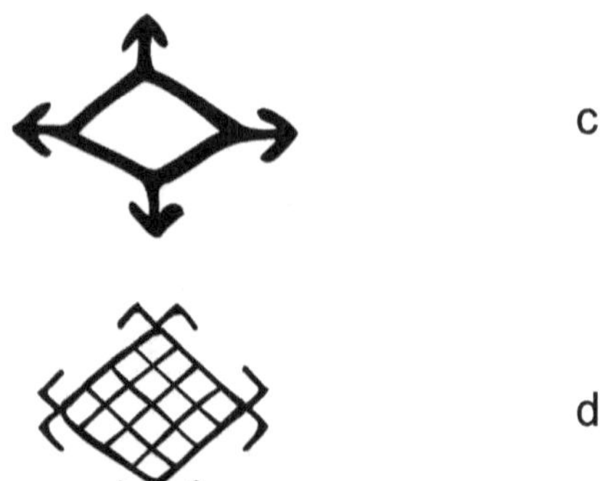

Océano

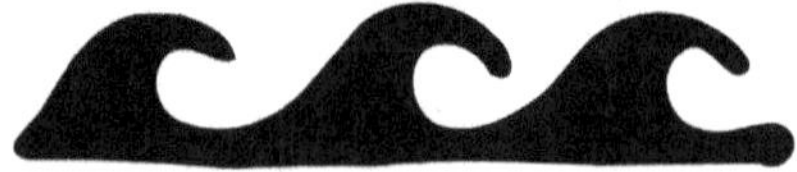

El Océano es un segundo hogar para los pueblos de Polinesia y el lugar de descanso cuando parten hacia su último viaje (dicen que las tortugas acompañan a los difuntos a su destino), lo que significa que el mar aparece, a veces, para representar la muerte, el más allá; ya que el mar es la fuente primaria de alimentos, no es de extrañar que impacte tanto en las tradiciones, mitos y leyendas. Todas las criaturas que viven en él están asociadas a varios significados dependiendo de sus rasgos característicos y de sus hábitos.

El Océano, el mar, se pueden representar por olas, algunas simplificaciones de las cuales se muestran a continuación.

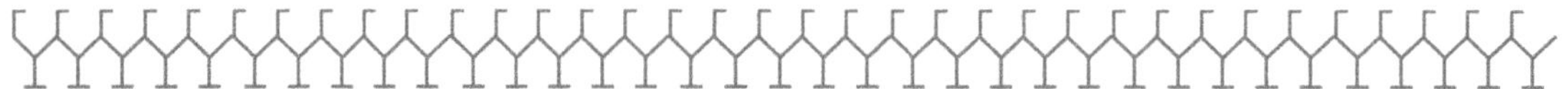

Representan la **vida**, el **cambio** y la **continuidad a través de los cambios**, **riqueza**.

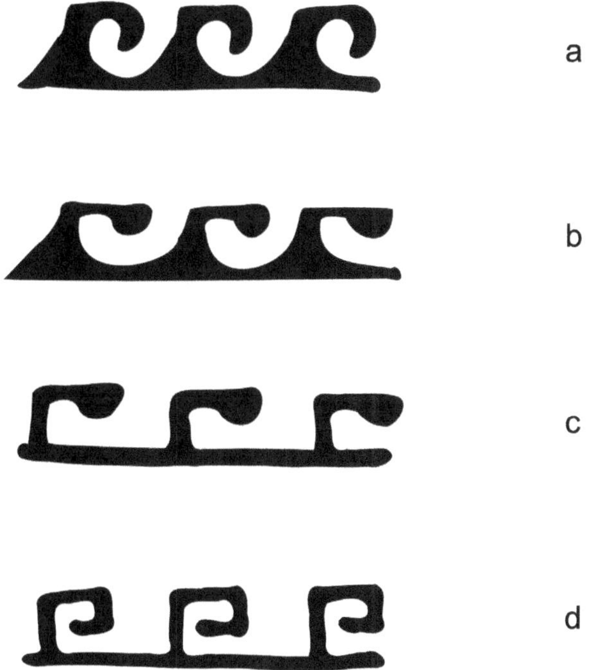

Las olas representan también el **más allá**, el lugar donde van los difuntos y también nuestro **hogar ancestral**.

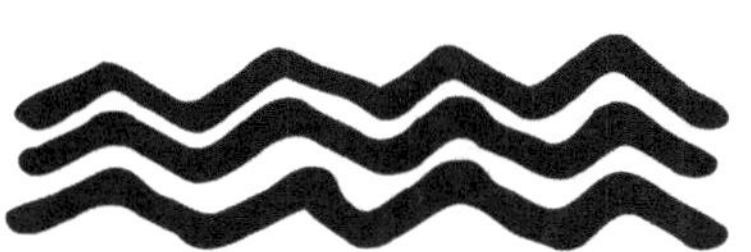

El sol

El sol representa el origen de la vida, la energía masculina y simboliza **prosperidad**, **espíritu brillante**, **liderazgo** y **grandeza**.

Como en otras culturas alrededor del mundo, la subida y la puesta cíclica del sol generó el concepto de continuo retorno, de **eternidad**, que encuentra paralelismo con el patrón de la espiral.

El nacimiento del sol se asocia a la renovación y la puesta del sol no es vista como muerte, sino como un pasaje al más allá.

Dependiendo de qué símbolos se utilizan para representar el borde del sol, se le asocian diferentes significados.

Varios símbolos son aptos para crear los rayos del sol, como los de la imagen de arriba, que generalmente representan las montañas y que simbolizan estabilidad, o como los dientes de tiburón diseñados a continuación:

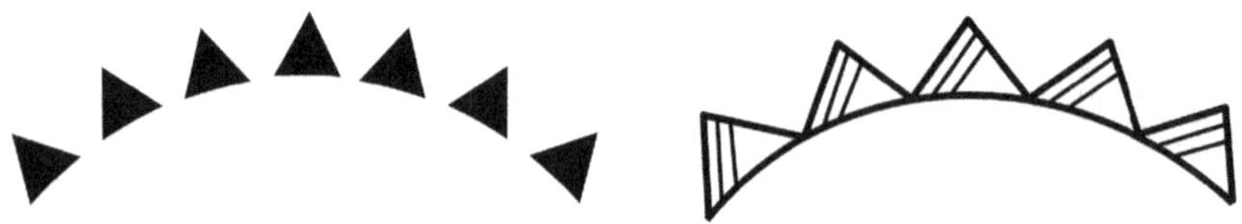

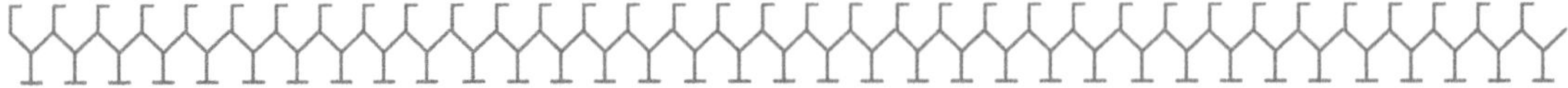

El patrón simplificado del caparazón de *honu* se puede utilizar también al igual que las olas:

caparazón de *honu* (tortuga)

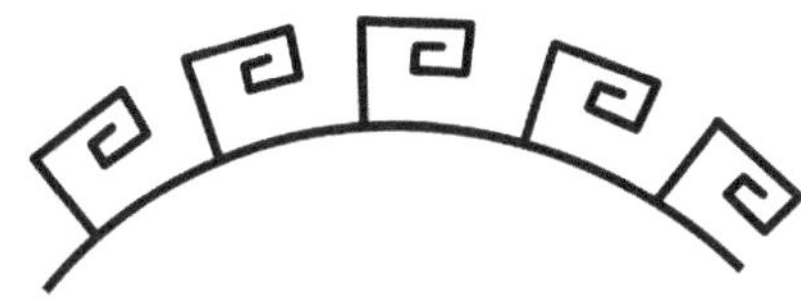

olas

Cruz marquesana

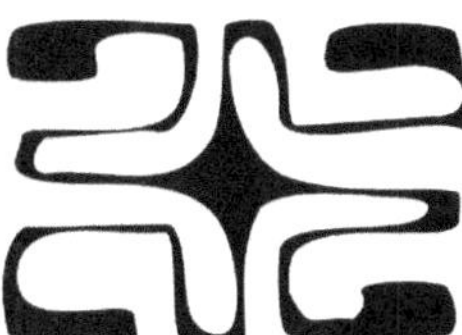 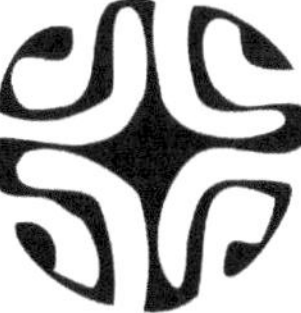

Originalmente la cruz marquesana ha sido asociada al caparazón de las tortugas. Se asemeja al símbolo hindú del sol y tiene un significado similar, que va desde la **eternidad** a la **armonía** y al **equilibrio entre los elementos**.

Conchas

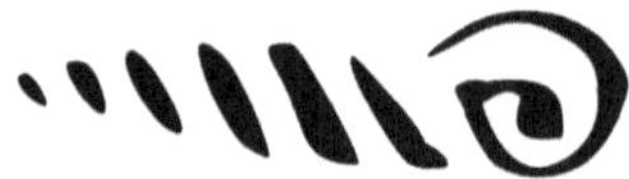

Las conchas de mar jugaban un papel importante en la vida de los habitantes de Polinesia: sus moluscos proporcionaban alimentos y sus conchas eran utilizadas para producir diversos utensilios para la vida diaria; también conchas marinas pulidas eran utilizadas como dinero y conchas talladas como preciados regalos.

Debido a su forma también simbolizan **refugio seguro** e **intimidad.**

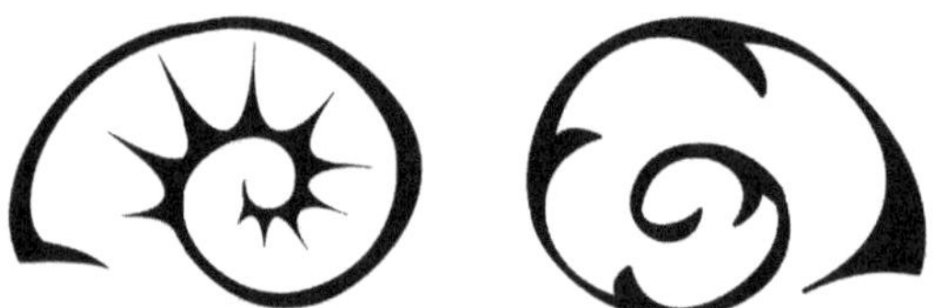

Conchas de bivalvos como la tridacna simbolizan las **parejas**, **matrimonio, unión**. Se les llama *api*, que es la raíz de muchas palabras como *apipi* = "unido" o *apipiti* = "juntos".

También se utilizan para representar a las mujeres.

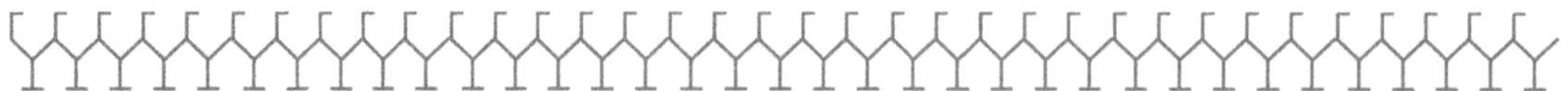

Divinidades y espíritus

Tiki

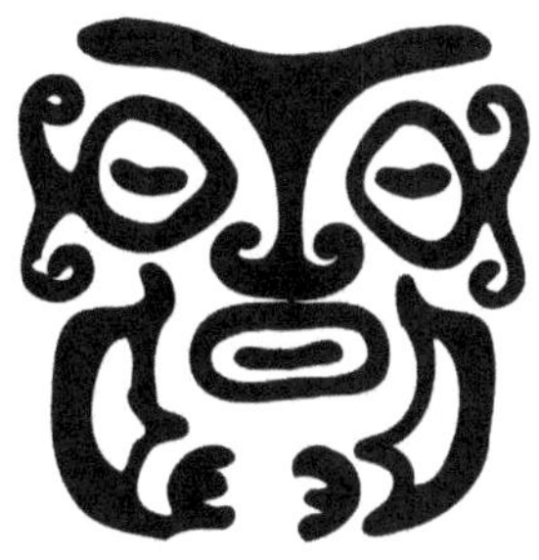

Un significado de la palabra *tiki* es "figura" siendo el nombre dado a las figuras humanas que suelen representar a los semi-dioses, a diferencia de los *atua*, dioses, que por lo general se aparecen a los hombres bajo la forma de animales como lagartos.

Al igual que los *aumakua*, el *tiki* también puede representar **antepasados deificados**, sacerdotes y jefes. Es el símbolo de la **protección**, de la **fertilidad** y sirve como **guardián**.

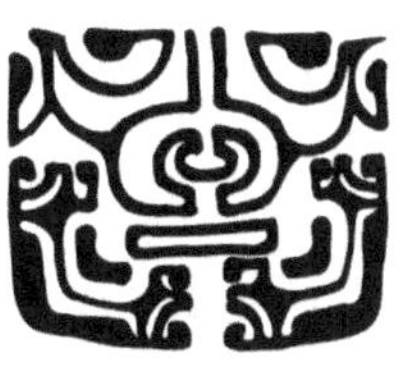

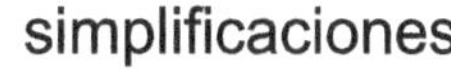

simplificaciones

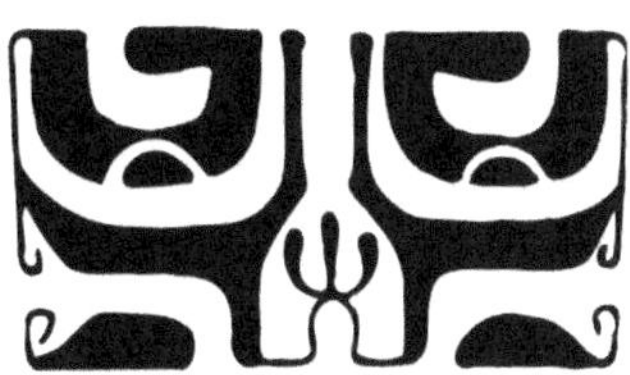

Simplificando la figura *tiki* una y otra vez se llega a una versión muy básica que se llama "ojo brillante", donde ojos, nariz y oídos del *tiki* son los elementos más destacados:

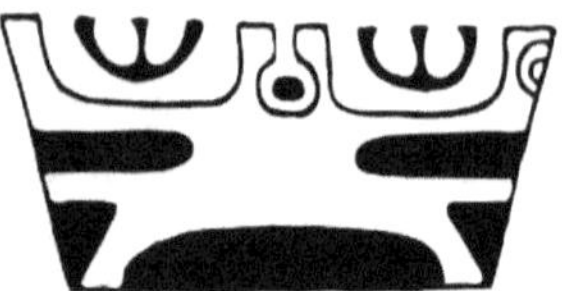

La nariz sigue siendo un elemento importante en el diseño del *tiki*, ya que se cree que huelen el peligro antes de verlo (esto explica por qué algunas figuras *tiki* tienen los ojos cerrados).

El ojo que todo-lo-ve fue derivado posteriormente a partir del ojo brillante; a veces se coloca en la parte posterior de las rodillas para asustar a los enemigos y proteger las espaldas de los guerreros:

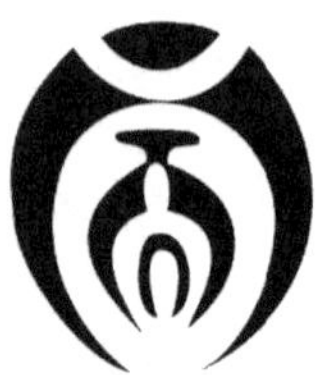

Similarmente, a veces se representan sólo partes de un *tiki* para traer protección, como por ejemplo los brazos, las manos y los ojos. En las siguientes imágenes, la serie a-b-c muestra cómo se alcanza el motivo simplificado básico:

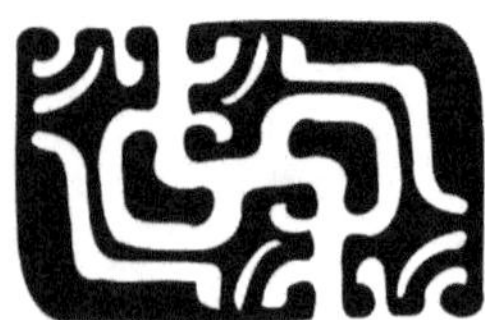

brazos

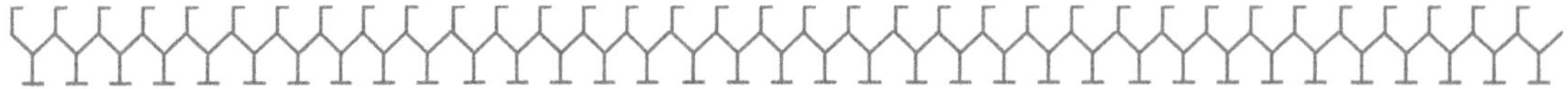

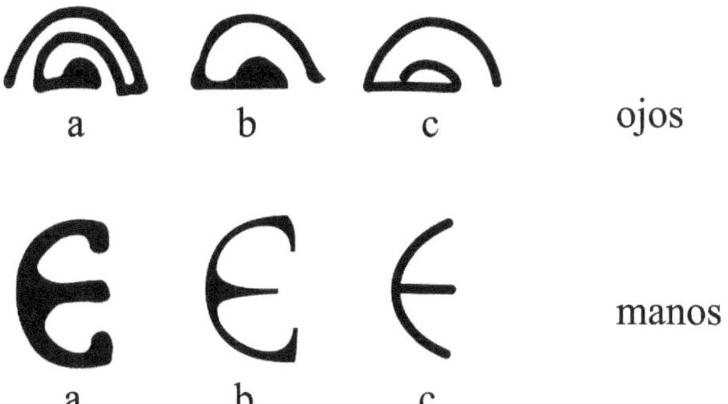

ojos

manos

Los *tiki* pueden ser retratados frontalmente (a veces con su lengua estirada como un símbolo de **desafío** a los enemigos) o de perfil. En este último caso, si hay dos *tiki* que miran en direcciones opuestas significa que van a dar **protección contra los peligros procedentes de todos los lados**.

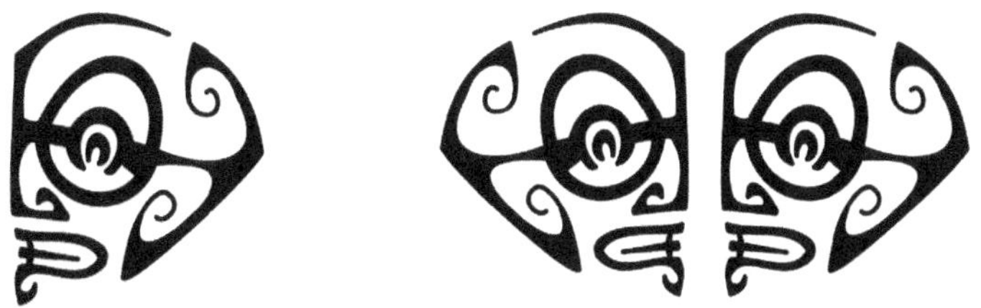

Vista lateral de los ojos:

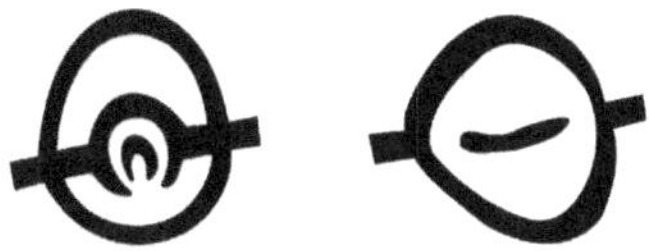

Nariz:

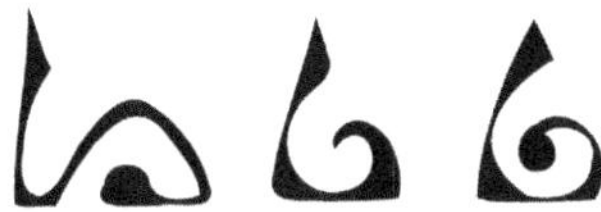

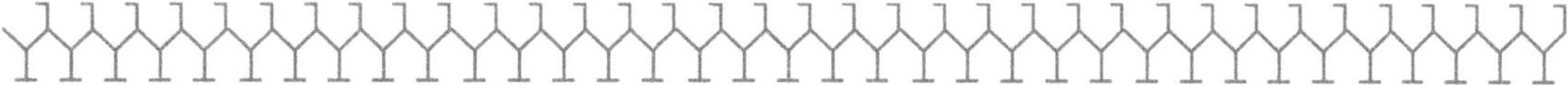

Boca:

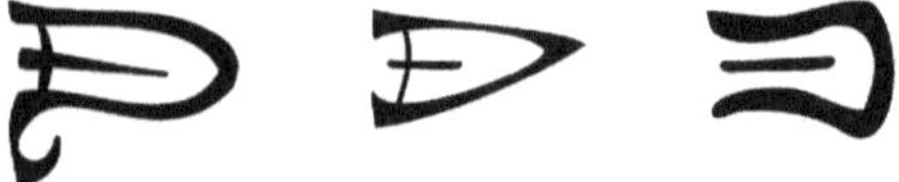

Manaia

El *manaia* es una criatura mitológica de la cultura maorí y, por lo general, se representa con la cabeza de un pájaro, el cuerpo de un hombre y la cola de un pez, principalmente de perfil, en forma de ocho como en la imagen que se muestra a continuación. Se considera un **mensajero** entre el mundo material y el mundo de los espíritus y simboliza **protección contra el mal**, como un **ángel custodio**.

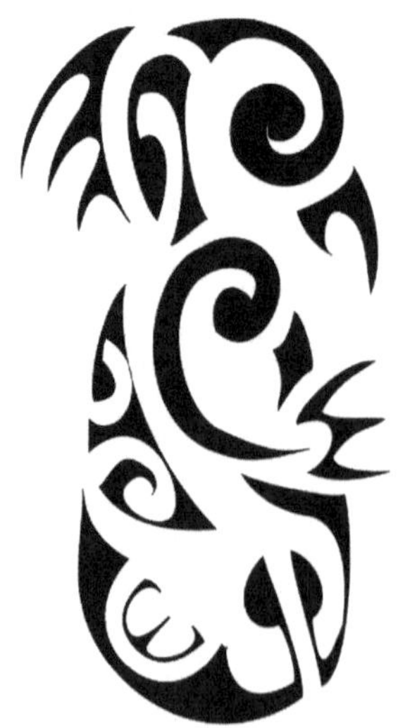

Taniwha

En la mitología maorí, los *taniwha* son seres que viven en profundas pozas de ríos, cuevas oscuras, o en el mar, especialmente cuando están presentes corrientes peligrosas o fuertes oleajes. Tienen una naturaleza dual y pueden ser **guardianes poderosos** de personas y lugares (*kaitiaki*), o ser **peligrosos** depredadores que castigan a todos los que no respetan los lugares sagrados. Como guardianes eran también muy valorados en la guerra, cuando atacaban a los enemigos matándolos y devorándolos. A causa de esto, no es raro verlos representados con una lanza en una mano y un hombre en la otra, en el acto de comérselos.

Pueden aparecerse a los hombres bajo varias formas, pero generalmente, se les representa con una cabeza humana (con la boca en forma de pico) y el cuerpo de una serpiente.

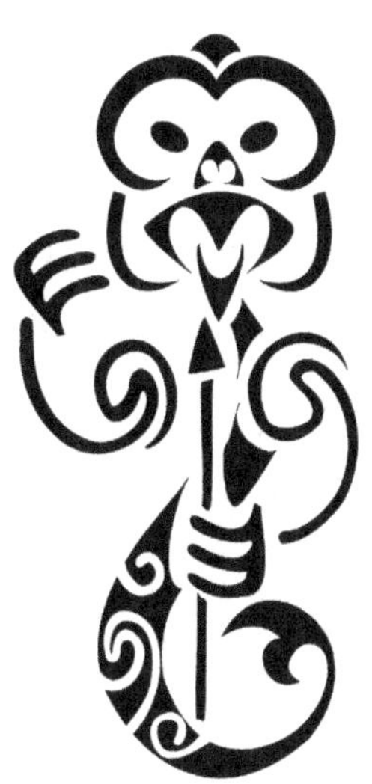

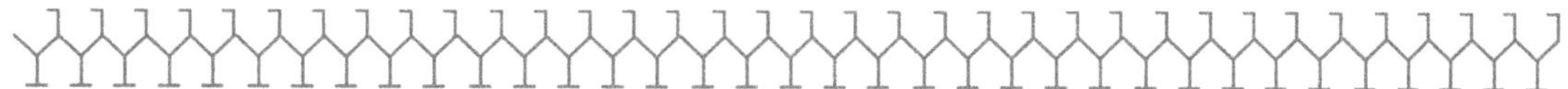

Aumakua

Aumakua, o *'Aumakua*, es el nombre dado a los **espíritus protectores** que están relacionados con una familia y que son heredados por los miembros de esa familia a lo largo de las generaciones. Suelen ser **antepasados deificados**, que fueron famosos y respetados en la vida y que vuelven como guardianes, mostrándose, generalmente, en forma de animales, para guiar, enseñar, advertir e incluso castigar. Debe existir mutuo respeto entre las personas y sus *aumakua*.

Flores y plantas

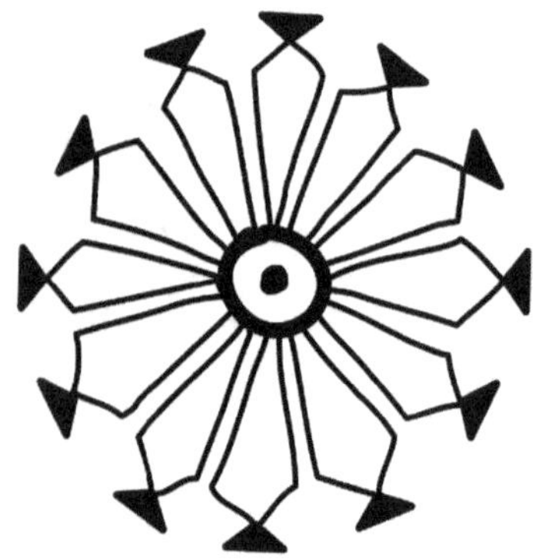

Las flores suelen hallarse en los diseños polinesios, principalmente flores de hibisco, plumeria y tiaré. Por lo general, suelen representar **belleza**, **feminidad** y **alegría**, pero representan también **nuevas floraciones**, **niños**. Utilizados sobre todo para las mujeres, pueden servir también para los hombres, especialmente si no se han desarrollado todavía.

Hibisco

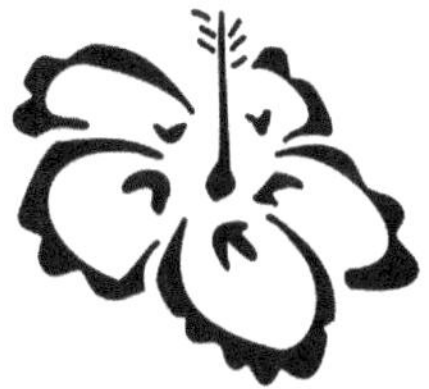

La flor de hibisco es, probablemente, la flor más famosa del Pacífico. Es el símbolo de Hawái y representa **belleza**, **feminidad**, **pasión**. Es también un símbolo de la "vida isleña", la forma relajada y tranquila de vivir tan natural en dichas islas, bendecidas por la naturaleza.

Tiaré

La flor de tiaré es la flor nacional de la Polinesia francesa y se ha convertido en un símbolo para representar la danza tradicional de Tahiti. Simboliza **belleza**, **gracia**, **sensualidad**. Las flores de tiaré se utilizan a menudo para preparar las guirnaldas típicas que se ponen alrededor del cuello a los visitantes, llamadas *ei* o *lei* en Hawái. Las flores de tiaré también son usadas detrás de la oreja como un adorno del cabello y en muchas tradiciones polinesias esto ha llegado a indicar que una mujer tiene pareja si la flor se coloca a la izquierda, y está disponible si se coloca a la derecha.

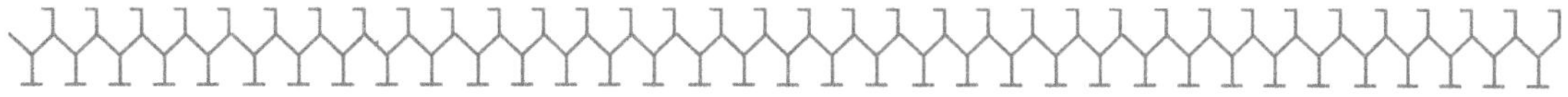

Plumeria

Las flores de plumeria comparten significado similar con las flores de tiaré por lo que simbolizan la **belleza** y el **amor**.

También pueden ser utilizadas para representar a los **niños** y simbolizan **refugio** y **protección**.

Kava

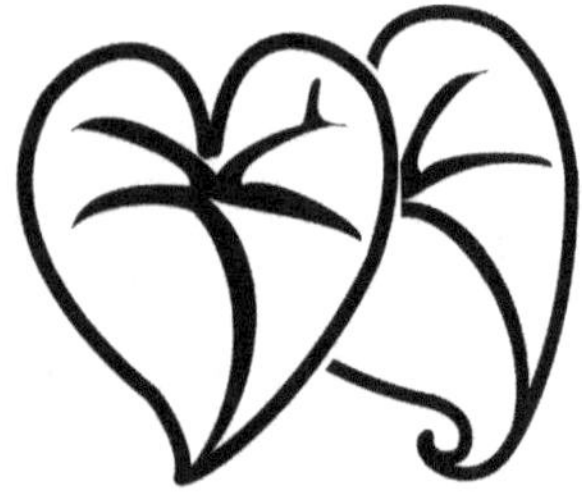

La kava era una planta sagrada, utilizada a menudo en ceremonias religiosas. De ella se obtenía una bebida mediante la masticación o aplastamiento de sus raíces, con propiedades ligeramente intoxicantes. Esta bebida se utilizaba para preparar la mente para **comunicarse con los** *atua*, los dioses, o para tratar varias enfermedades. Simboliza **bendición**, **sanación** y **paz**.

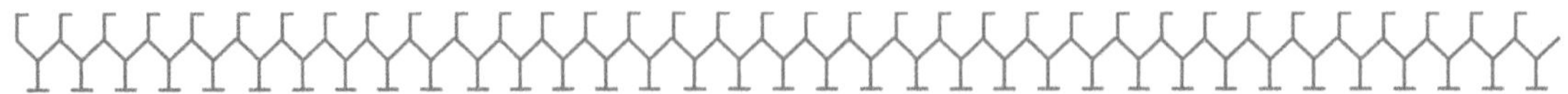

Flor de puawananga

Las plantas de puawananga (clematis) fueron utilizadas para el tratamiento de algunas enfermedades como la migraña y así las flores de puawananga simbolizan **curación**.

Koru

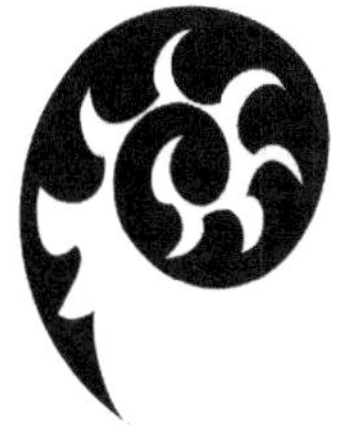

La palabra *koru* significa "doblar, bucle" y se utiliza para identificar el patrón de la hoja de helecho desplegándose. Es un elemento muy importante en el arte y cultura maorí y se puede encontrar tanto como una línea en parte enrollada o como una espiral completa.

Representa la **vida**, un **nuevo comienzo**. Los maoríes dicen: "*Mate atu he tetekura, ara mai he tetekura*", que significa "Cuando una hoja de helecho muere, una hoja de helecho nace"; simboliza la **continuidad de la vida**, las **tradiciones** y la **genealogía**. Es interesante observar que *tete kura* también se puede traducir como "jefe".

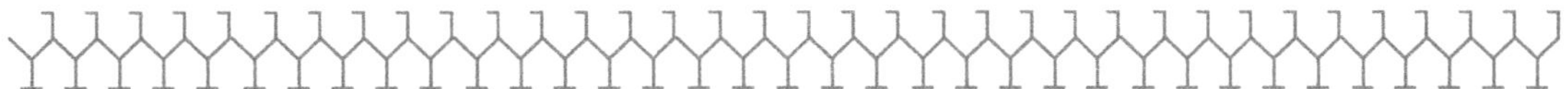

Esto también se relaciona con el helecho adulto, que simboliza **madurez**.

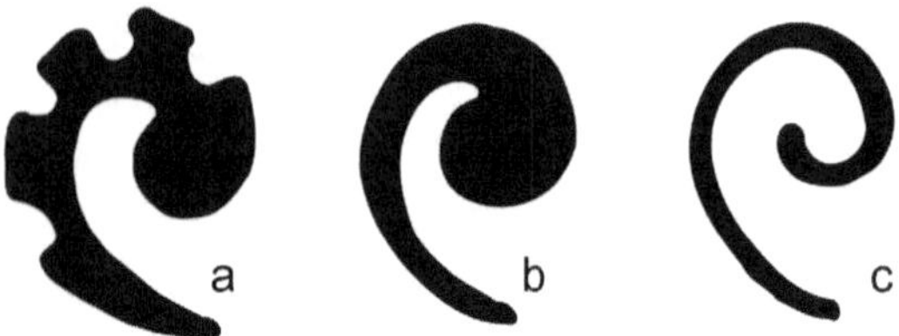

Un doble *koru* (como el dibujo de abajo) representa la **continuidad** y es particularmente apropiado para los **niños**, la **descendencia**.

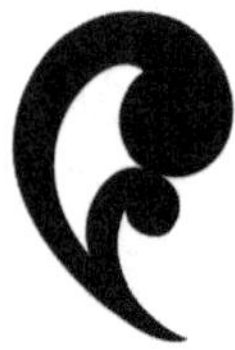

Koru pareados crean una espiral doble, que también se utiliza en el tatuaje *Tā Moko* para representar a los **antepasados** y la **genealogía** de un guerrero. Por lo general, las espirales simples están relacionadas con los antepasados femeninos y las dobles con los masculinos.

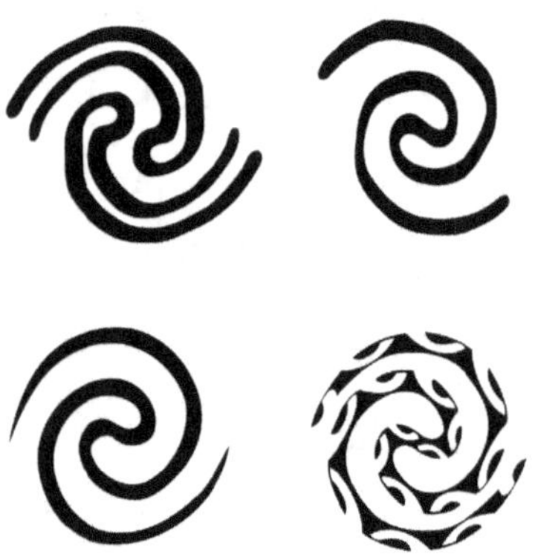

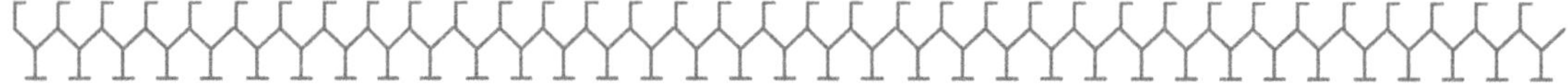

Ipu

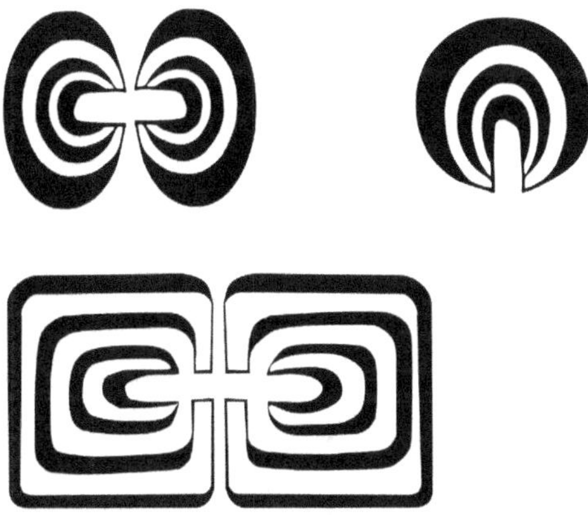

El *ipu* es el dibujo simplificado de una calabaza y es para el tatuaje marquesano lo que la doble espiral es para los maoríes.

En las Marquesas tatuaban su genealogía en la parte posterior de los brazos, con *ipu* emparejados colocados en una línea que contaba con ancestros y parientes, con los más cercanos (o los más antiguos según algunas fuentes) en la cima.

Es un símbolo muy común, que aparece en la mayoría de los tatuajes y tiene muchos significados asociados, todos ellos relacionados con la **vida** y su **fuerza generadora**: es un símbolo de la **fertilidad** y de **nacimiento** y también se utiliza para representar a la madre.

Dos *ipu* acoplados, generalmente, representan el matrimonio al igual que los *enata* acoplados.

Una leyenda dice que Hilo (un marinero y dios) guardaba los buenos vientos en una calabaza y las tradiciones asocian su forma al cuerpo de Rongo, deidad de las plantas cultivadas y de la fertilidad.

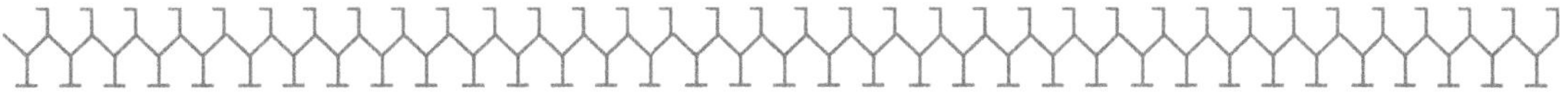

Hojas de lino

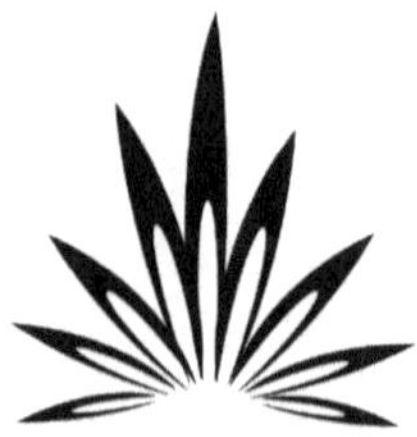

Los maoríes consideran la planta de lino sagrada porque su núcleo representa, para ellos, el vínculo entre la propia planta, la tierra y la gente. Sus hojas representan la **familia**. La hoja interior, más pequeña, representa al niño, con sus dos padres que lo abrazan por los lados y los antepasados abrazando y protegiendo a todos ellos externamente, como los *aumakua* hacen con la familia. Cuando se cortaban las hojas de lino, se hacía siempre con gran respeto, cortando sólo las exteriores para no debilitar la planta.

El patrón simplificado del lino se llama *ritorito*:

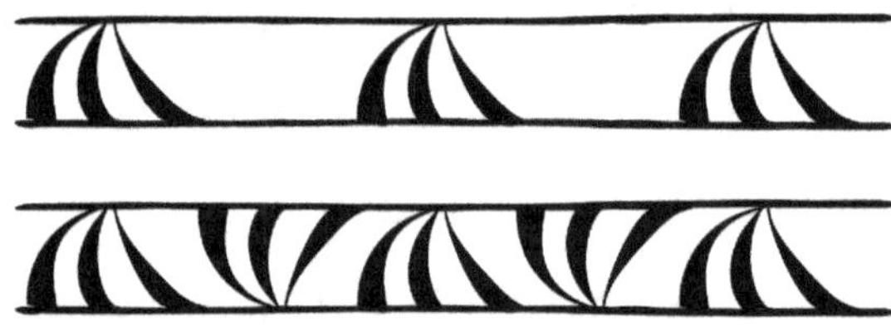

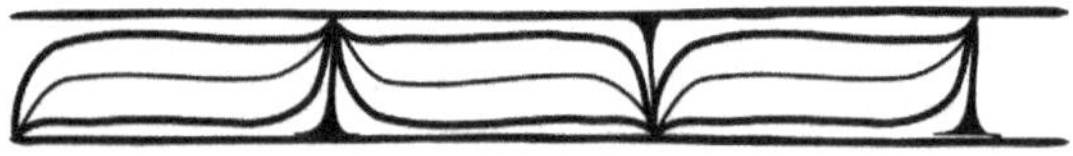

patrones de *ritorito*

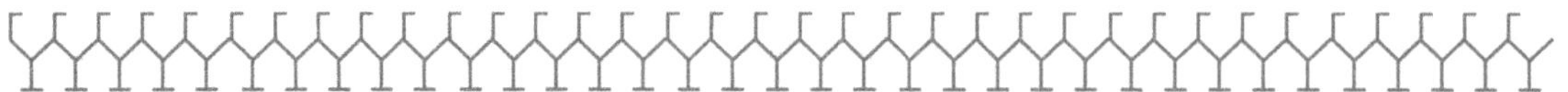

Hojas de ti

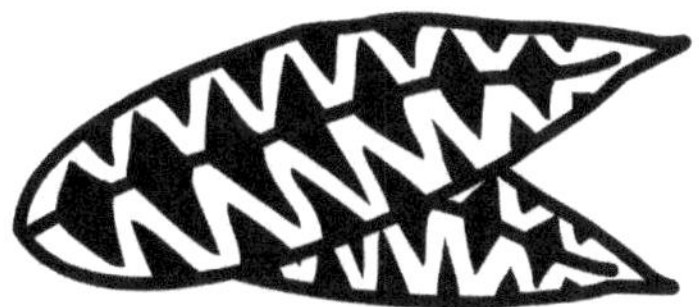

Las plantas de ti se plantaban en las cuatro esquinas de la casa como **protección**. Su significado primario es la **bendición**.

Trenza y cuerda

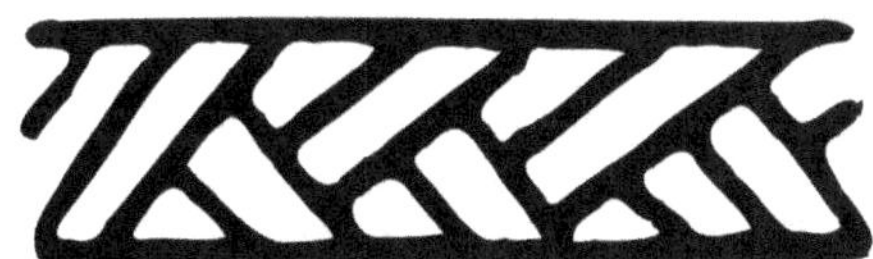

Trenzas y cuerdas representan **ascendencia** y **unión** al tener sus fibras entretejidas como las relaciones entre parientes. Al igual que la trenza es mucho más fuerte que las fibras por separado, una **comunidad** es mucho más fuerte que sus elementos individuales y cuantas más fibras se unen entre sí, más fuerte será la cuerda.

También representan la **familia** y las **tradiciones**: los ancestros son el comienzo de la cuerda de una familia, y el otro extremo representa los bebés recién nacidos. La cuerda se hace más larga con las nuevas generaciones, pero los antepasados siempre seguirán siendo una parte de ella, importantes para la fuerza de la cuerda. No debemos olvidar nuestros antepasados y nuestras tradiciones o nuestra cuerda se hará más pequeña y más débil.

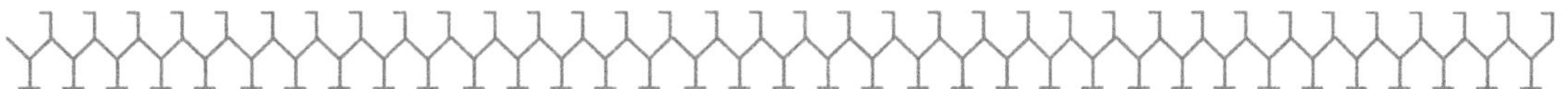

Coco

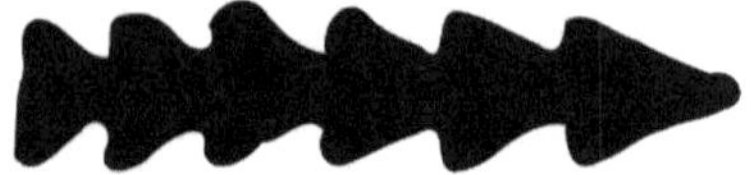

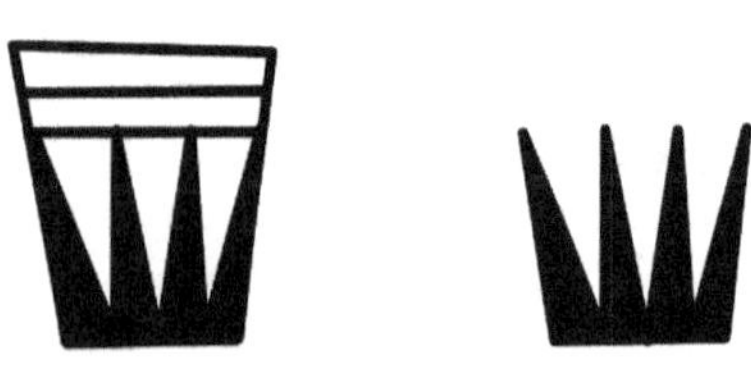

Las palmeras son un símbolo de las islas del Pacífico y representan
paz, **buenas vibraciones**, **serenidad**. Las palmas de coco son un
regalo para los isleños, dando fibras, frutas, madera, incluso cuencos,
y representan la **abundancia**, la **prosperidad**.

Más elementos

Te ara poutama

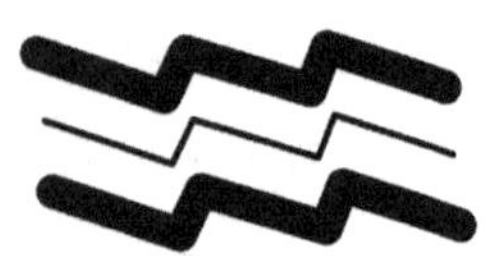

Se puede traducir como "El camino irregular"; este patrón representa
la **ruta hacia el conocimiento**, que nunca es recta ni fácil.

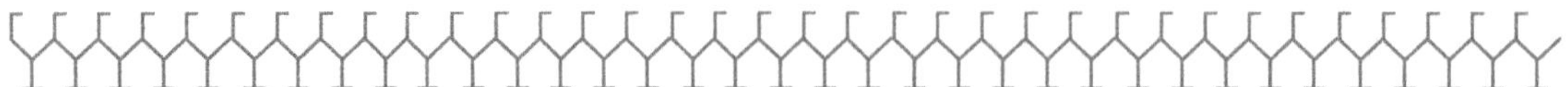

Te ha

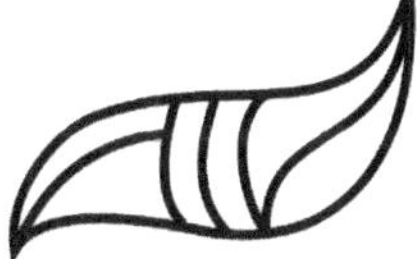

Representa el **aliento vital**.

Pito

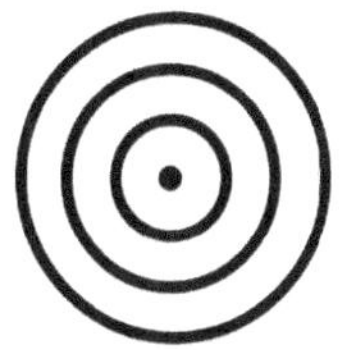

Representa el ombligo y simboliza **nacimiento** e **independencia**, en relación con el corte del cordón umbilical.

Torzal

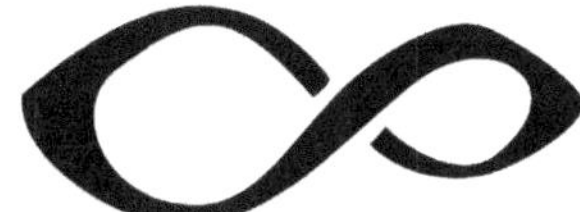 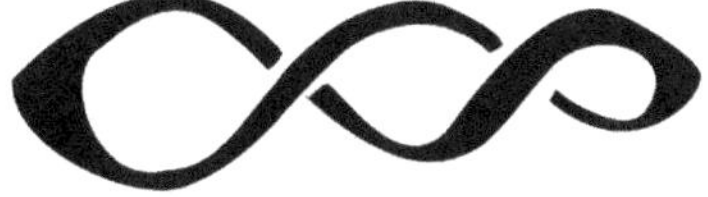

El torzal (aquí horizontal, pero por lo general vertical) simboliza **amor eterno** y **unión**. Representa dos vidas que, aunque separadas a veces (por ejemplo para un viaje), siempre volverán a estar juntas al final. La versión triple del torzal suele referirse a la **unión de diferentes culturas**.

El camino de Kamehameha

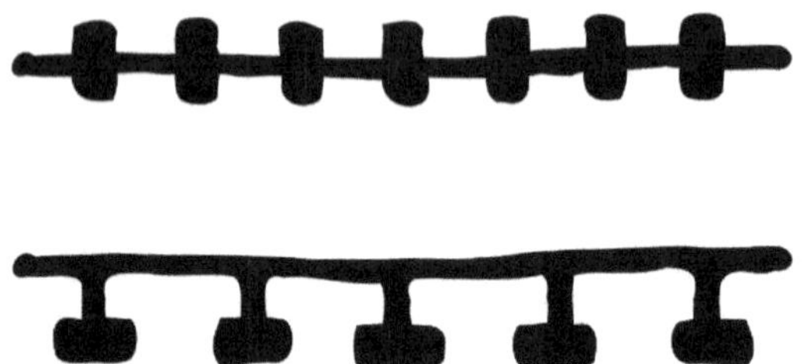

Kamehameha fue un famoso rey que unificó las Islas Hawái mediante batallas, estableció formalmente el Reino de Hawái en 1810, garantizando la paz y la prosperidad para las generaciones venideras. Este patrón llamado "el camino de Kamehameha" se utiliza, generalmente, para representar **una ruta**, un **camino difícil que llega al éxito**.

Hitos

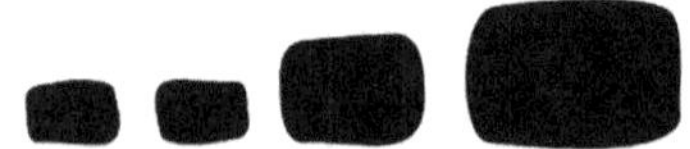

Representan **logros**.

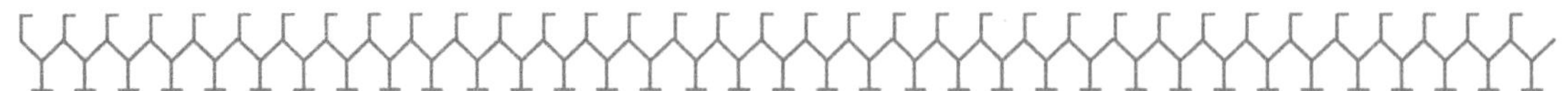

Nota al margen:

Los diseños tradicionales no deberían incluir elementos que no pertenezcan a las culturas del Pacífico (tatuajes tradicionales estrictos también deberían limitarse a un solo estilo por diseño), pero puede haber muchas razones para incluir diferentes elementos: por ejemplo incorporar elementos de otras culturas, si es que representan un pasado o un historial.

Nuestra opinión es: ¡ir a por ello si es significativo para ti!

Se pueden diseñar de una manera que se integra con el estilo polinesio (es posible redibujar cualquier cosa usando elementos nativos) o dejarlos diferentes añadiendo un toque exótico al tatuaje.

No va a ser ofensivo para la gente de Polinesia, siempre y cuando se haga de una manera elegante, respetuosa.

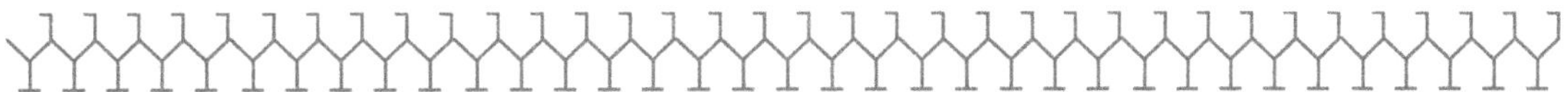

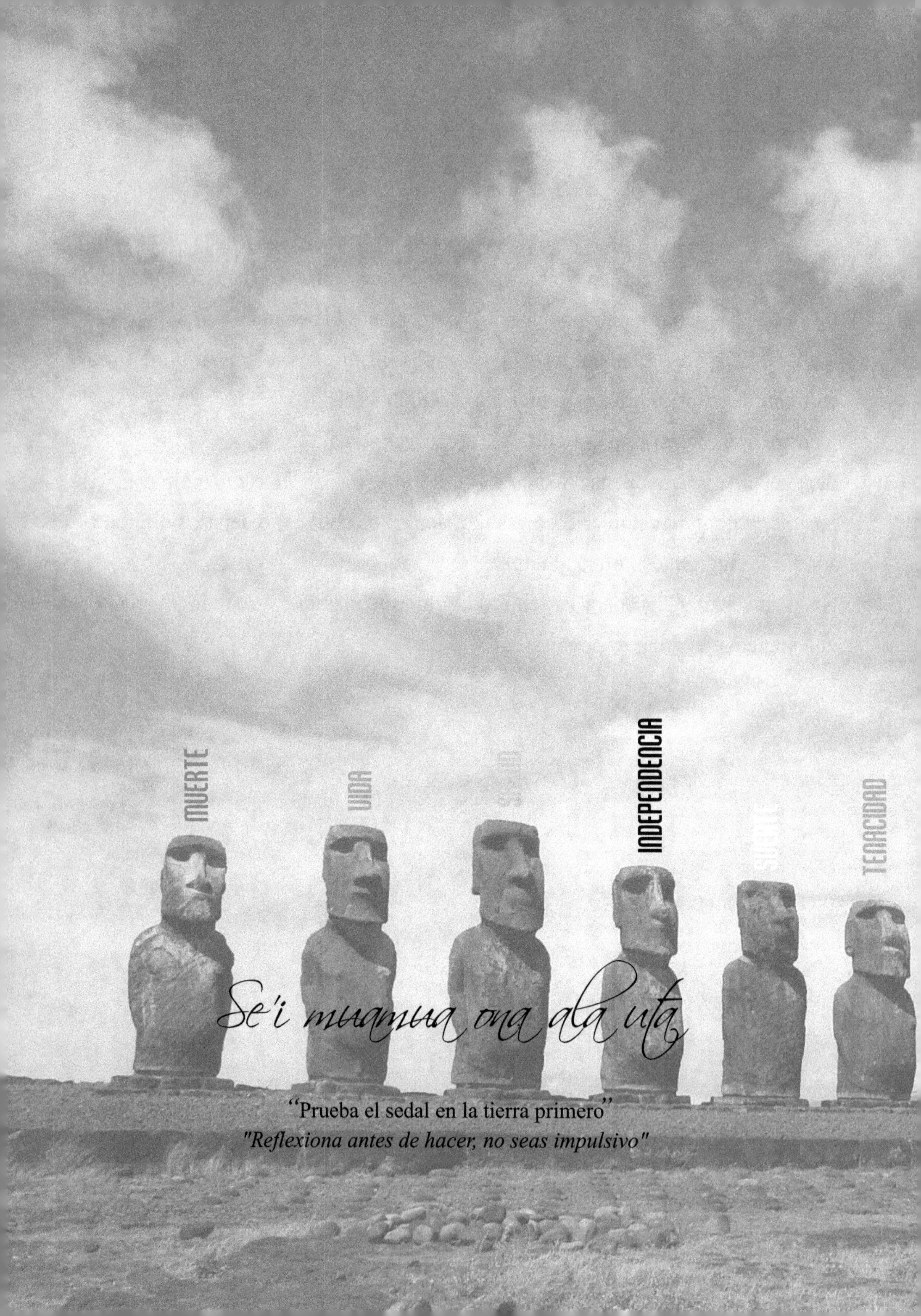

MUERTE
VIDA
SALUD
INDEPENDENCIA
SUERTE
TENACIDAD
Se'i muamua ona ala uta
"Prueba el sedal en la tierra primero"
"Reflexiona antes de hacer, no seas impulsivo"

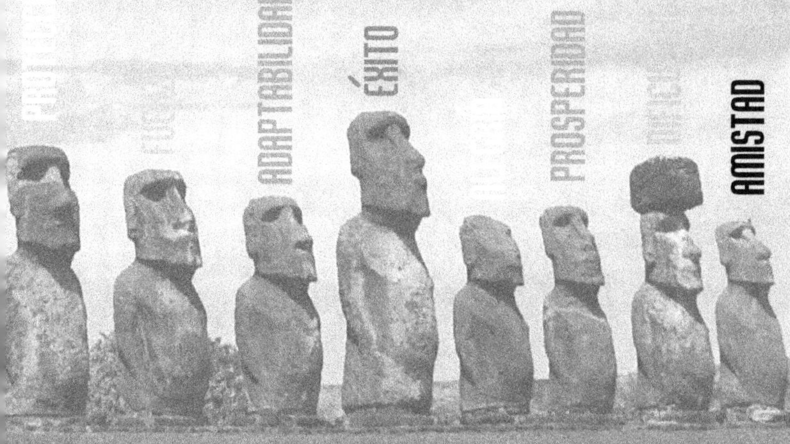
ADAPTABILIDAD
ÉXITO
PROSPERIDAD
AMISTAD

"Se'i muamua ona ala uta"
—Prueba el sedal en la tierra primero:
Reflexiona antes de hacer, no seas impulsivo.

Si vas a contar tu historia con un tatuaje polinesio, este capítulo será tu fiel compañero de viaje, una lista "deprisa y corriendo" de muchos elementos, sentimientos y cualidades que tal vez podrías querer utilizar, el punto de partida para decidir qué elementos van a ser los mejores para tu propósito.

Por lo general hay varias formas y elementos que se pueden utilizar para representar cada significado. Listaremos los principales, siendo los primeros los más utilizados y siguiendo en orden de importancia. Los mejores elementos se eligen en base a sus significados y de lo bien que se integran en el diseño.

A

abundancia: anzuelo, red, peces, flores de coco, ballenas, olas, bonito

actitud isleña: flor de hibisco, palmera

adaptabilidad: pulpo, tiburón

adivinación: lagarto

ágil: marlin, ave

agua: olas

alegría: delfín, sol, flores

aliento vital: te ha

amabilidad: flor de tiaré

amistad: delfín

amor: torzal (amor eterno), conchas de mar, flores de plumeria, mantarraya (amor físico)

amparo: concha de mar, tortuga, plumeria

antepasados: ipu, aumakua, cuerda

armonía: cruz marquesana, manaia, olas

artesanía: azuela, geco

áspero por fuera y suave por dentro: erizo de mar

astucia: tiburón

audacia: puntas de lanza

avanzar: canoa, marlin

aventura: canoa

ayuda: dos aves persiguiéndose, red

B

belleza: hibiscus, mantarraya, flores de tiaré, plumeria

bendición: hojas de ti, kava

brillante: sol

buenas vibraciones: flor de hibisco, mantarraya, palmera, sol

búsqueda: fragata, red, geco

C

calma: tortuga, sol

cambio: olas

camino: canoa, camino de Kamehameha, trenza (camino en la vida)

camino hacia el conocimiento: Te ara pautama

carpe diem: flor de hibisco

cariño: concha de mar

ciclo de la vida y la muerte: cruz marquesana

cielo: ani ata, patrones semicirculares

compromiso: brazalete con patrón de cuadros

comunicación: lagarto (con los dioses)

comunidad: aves (muchas juntas), zorro volador, ani ata, trenza

conciencia: sol, ombligo

confianza: mere

conocimiento: azuela, anzuelo, delfín

continuidad: koru (de la vida), olas (en los cambios)

coraje: mere, puntas de lanza

creatividad: azuela

crecimiento: koru

crianza: ballena

cuidado: ballena, tortuga

curación: flor de puawananga, kava, lagarto, pulpo, cruz marquesana

D

dedicación: nombre (no hay alfabeto polinesio: comprobar el anexo sobre los maorigramas para esto), patrón de cuadros

deidades: tiki, lagarto, aumakua

desafiar: máscara guerrera o tiki con lengua extendida

descendencia: doble koru, ipu, doble espiral y espiral

descubrimiento: fragatas, tortugas marinas

despertar: koru

despreocupado: mariposa, flor de hibisco

determinación: tiburón martillo, ciempiés

devoción: tiki, plumeria

difuntos: ani ata, tortuga con enata

dinero: conchas de mar (sol para el éxito)

disponibilidad: canoa, anzuelo

E

elegancia: mantarraya

elementos (balance de): cruz marquesana, manaia

elevarse: ave

encuentro: trenza, espiral doble, triple torzal (encuentro de culturas)

energía: sol, cola de bonito, raya

enemigos: enata volcados

enfermedad: morena

equilibrio: cruz marquesana, manaia, tiki

enseñanza: azuela

esperanza: sol

espíritu de lucha: ciempiés, lanza, barracuda, tiburón martillo

espíritu maligno: morena

estabilidad: montañas, enata

estabilidad a través de los cambios: olas

estar preparado: azuela, anzuelo

eternidad: sol, espiral, cruz marquesana

éxito: sol, anzuelo, ave

F

familia: tortuga de mar, hojas de lino, trenza, cuerda

fe: red, cuerda

fertilidad: tiki, ipu, koru, tortuga

felicidad: sol, flores

fraternidad: compartir un mismo tatuaje, palomas apareadas

fructífero: flores

fuego: aves

fuerza: azuela (física y moral), lanza, tiburón martillo, dientes de tiburón

fuerza espiritual: tiki, lagarto, aumakua

fundamento: tortuga

G

genealogía: ipu apareados

generosidad: red, canoa

gente: enata, lino

gracia: flor de tiaré

grandeza: mere, sol, anzuelo, ani ata

guardián: tiki, manaia, taniwha, aumakua

guerrero: puntas de lanza, kena, ciempiés

guía: estrellas, tiki, tiburón

H

habilidad: anzuelo, azuela

héroe: kena

hijo único, hija única: paloma

hiperactividad: zorro volador

hombre: enata

honestidad: mere, anzuelo

honor: mere

I

independencia: ombligo

infortunios: morenas

ingeniosidad: anzuelo

instinto maternal: zorro volador, murciélago, ballena

inteligencia: anzuelo

intimidad: concha de mar

islas: puntos, montañas

J

jefe: mere, anzuelo

jugar: delfín, flores

justicia: mere

K - L

laboriosidad: zorro volador, azuela

lazos: trenza, ani ata, torzal (amor eterno), delfín

lealtad: perro

letal: orca

libertad: aves, mantarraya, mariposa

liderazgo: sol, mere

listeza: pulpo

logro: mantarraya, anzuelo, hitos

longevidad: tortuga

lugar de descanso: olas

luz en la oscuridad: erizo de mar

M

madre: ipu

madurez: hoja de helecho adulto

magia: lagarto

mar: olas, mantarraya

más allá: olas

masculino: puntas de lanza

matrimonio: enata apareados, patrón de cuadros, ipu apareados, delfín

mente aguda: marlin, pez espada

metas: puntos, "puntos fijos", marlin (conseguir los objetivos)

muerte: olas (generalmente hacia atrás)

mujer: ipu, conchas de bivalvos

N

nacimiento: koru, ipu

navegación: fragata, ave

navegador: tortuga de mar, olas

niños/niñas: flores

nobleza: mere, zorro volador

nuevo comienzo, nueva vida: koru

O

observación: geco, ave

ocultar: raya (especialmente de las emociones)

orgullo: aves (representado por un ave diferente entre un grupo de

otros similares)

P

paciencia: tortuga

padre: tiki

pareja: enata apareados, concha bivalva, ipu apareados

pasión: flor de hibisco

paz: palmera de cocos, flores, kava, mere, sol

peligro: morena

percepción extra-sensorial: geco, lagarto

perseverancia: bonito, tiburón martillo

perspectiva más elevada: aves

perspicacia: geco

poder: sol, barracuda, tiburón

poderes sobrenaturales: geco, lagarto

positividad: sol, flores

promesa: anzuelo

prontitud: orca

prosperidad: anzuelo, pez, flores de coco

protección: tiki, manaia, taniwha, ojo que-todo-lo-ve, dientes de tiburón, escamas de pez, mantarraya, tiburón martillo, orca

pureza: plumeria, sol

Q - R

rapidez: marlin, ave

rebelión: ciempiés

recorrido: tortuga de mar, fragata, olas, canoa

regeneración: koru, lagarto

renovación: koru desplegándose, luna

respeto: mere, red, olas

responsabilidades en la comunidad: canoa

retar: máscara guerrera o tiki con lengua extendida

retorno seguro: gaviota

riqueza: olas, anzuelo, pez, flores de coco, caña de azúcar

S

sabiduría: delfín, ballena

salud: geco, lagarto

sensualidad: flor de tiaré

serenidad: palmera, flor de hibisco

sexualidad: concha de mar, flor de hibisco, morena

singularidad: obtenida mediante la inserción de un elemento diferente entre otros similares (véase también orgullo)

sociabilidad: delfín, zorro volador, murciélago

solidaridad: red

suerte: lagarto, sol, anzuelo

superar obstáculos: azuela, puntas de lanza

supervivencia: lagarto

T

tenacidad: tiburón martillo, ciempiés

tesoro escondido: concha de mar

tierra: montañas, lino

trabajo en equipo: canoa, trenza, red

tradición: cuerda, trenza, doble koru, ipu

tranquilidad: tortuga, sol, flor de hibisco

transformación: luna

U

unidad: trenza, cuerda, red, lino (familia), torzal (amor)

unión: trenza, cuerda

universo: ani ata

V

valentía: mere, puntas de lanza

valor: puntas de lanza

velocidad: marlin, tiburón

viaje: fragata, tortuga de mar (viaje por mar)

victorioso: sol, mere

vida: koru, sol, lagarto

vida eterna: cruz marquesana

viento: ipu, cruz marquesana

vigilancia: gaviotas

vigor: azuela, tiburón martillo

vínculos: trenza, ani ata, torzal (amor eterno), delfín

visión: lagarto

vitalidad: sol

vuelo: aves, mantarraya

W - X - Y - Z

A'ohe hana nui ka alu'ia

"Ninguna tarea es demasiado grande cuando se hace conjuntamente"

EL PROCESO CREATIVO

"A'ohe hana nui ka alu'ia"
—Ninguna tarea es demasiado grande cuando se hace conjuntamente

Los tatuajes pueden ser muy importantes en la vida de cualquier persona y en consecuencia, se deben pensar bien. Al elegir un tatuaje debemos tener claro cuáles son las razones que hicieron que nos decidieramos por él, ya sean puramente estéticas o porque tiene un significado especial para nosotros.

Al crear un tatuaje de estilo polinesio, su significado se convierte en un aspecto importante del proceso de decisión y debemos preparar nuestra mente para esto. Cada vez que se decide preparar estos tatuajes, la mente debería estar en calma y relajada. Se dejará el mal humor a un lado y los sentimientos interiores serán nuestra guía.

Concéntrate en lo que quieres expresar y deja que tu tatuaje encuentre su camino hacia ti: generalmente no encontramos nuestros tatuajes, nuestros tatuajes nos encuentran a nosotros si aprendemos a escuchar.

No te pongas en esta tarea si te encuentras desanimado, o guiado por sentimientos negativos como ira o tristeza. Un tatuaje puede influir en nuestros sentimientos, nuestras acciones y, al final, en nuestro modo de vivir: ¿quieres tener un memorándum que siempre repite "tristeza, desesperación", cada vez que se mire? ¿O mejor tener uno que siempre diga "espera, sé fuerte"?

Un último consejo: tómate tu tiempo. Tu tatuaje va a durar toda la vida; ¿qué son unos pocos días o meses cuando se está creando algo prácticamente eterno? Sigue cambiándolo si no estas 100% satisfecho: ¡cuando encuentres el diseño correcto, lo sabrás!

Un canto de tatuaje samoano (cantos cantados mientras que se realiza un tatuaje) dice:

E isia le 'ula, isia le fau,
'A e le isia siau tatau,
'O siau 'ula tutumau,
E te alu ma 'oe i le tu'ugamau.

El collar se rompe, la cuerda se rompe,
Pero el tatuaje no se rompe en pedazos,
Este collar es para siempre,
Y va contigo a la tumba.

Una vez seguro acerca de los significados y de la posición, puedes echar un vistazo a la guía rápida del capítulo anterior para identificar los elementos que te ayudarán a transmitir los significados correctos. Haz un listado y comprueba el capítulo sobre el simbolismo, para elegir los que se ajustan a tus ideas (recuerda que por lo general hay varios elementos para representar el mismo concepto).

La elección de los elementos correctos también depende del espacio disponible: tamaños más grandes permitirán más libertad, mientras que tamaños pequeños necesitarán simplificar más los elementos.

Una vez eligidos los significados y los elementos, hay que encontrar la manera de integrarlos de manera significativa. Reordena tu listado por orden de importancia: los elementos más importantes serán más grandes y centrales en el tatuaje, mientras que los elementos menores serán utilizados para completar el diseño. Para contar una historia, los elementos van de forma secuencial, vinculados en un flujo en el que cada aspecto está relacionado con el siguiente como en una cadena.

Un diseño bien estructurado debe seguir y delinear las líneas del cuerpo sin romperlas, fluyendo a lo largo de los músculos. Los elementos redondos son los más adecuados para las articulaciones como los tobillos y los hombros; elementos más largos son mejores para brazos y piernas; formas triangulares encajan muy bien en la espalda, en la región lumbar, la ingle y la clavícula, por ejemplo.

Los tatuajes a manga de Samoa son perfectos ejemplos de cómo siguiendo la anatomía obtenemos diseños extraordinarios:

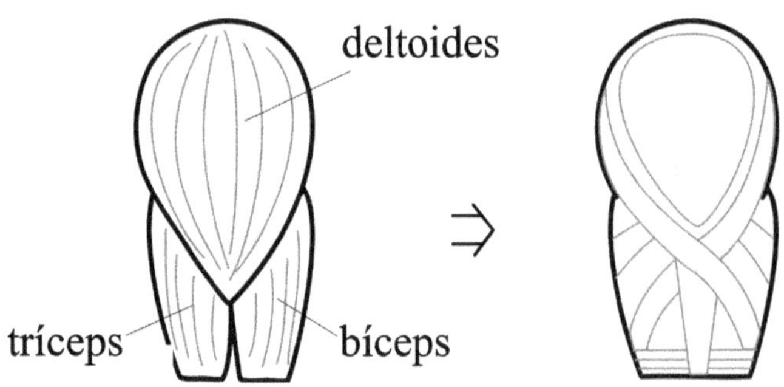

Prácticamente cualquier diseño puede ser adaptado a las líneas del cuerpo, tal vez integrándolos con otros patrones que comparten el mismo significado:

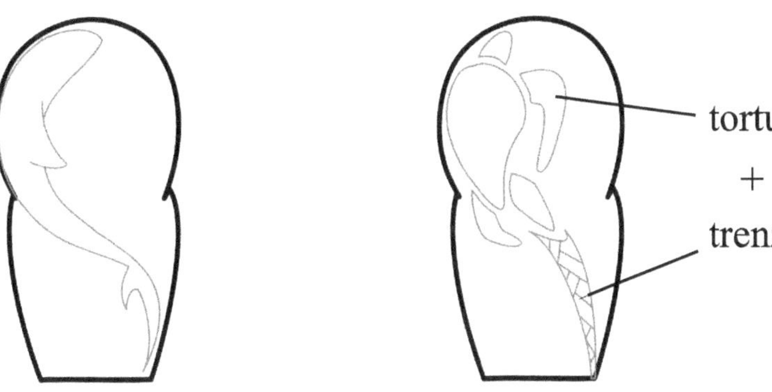

Una foto de la zona que se va a tatuar puede ser utilizada como base para los bocetos; imprimiendo varias copias de la misma se pueden probar varias soluciones y compararlas para ver cuál gusta más. Primero se esbozan los elementos con trazos sencillos: lo importante ahora no es hacer un diseño hermoso (que será el resultado final) sino hacer un proyecto muy simple en el que todos los elementos encajen y encuentren su correcta ubicación física.

Si no te sientes cómodo trazando a mano alzada, guarda la imagen en el ordenador, navega por internet y busca fotos de los animales que quieres incluir en tu diseño, a ser posible en la misma posición que deseas (por ejemplo, una tortuga nadando, vista desde arriba), ajusta su tamaño y posición y ponla encima de tu foto.

¿No eres un técnico? ¡Imprime todo y haz un poco de patchwork! Esas serán tus directrices.

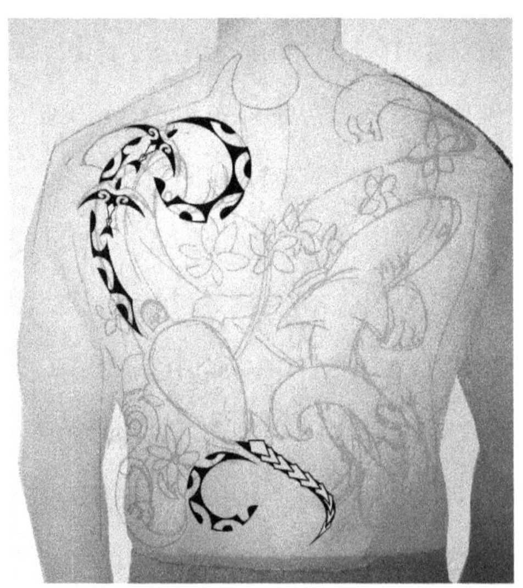

No te preocupes si no se ve perfecto desde el principio: tómate tu tiempo para asimilarlo y entender lo que se ve o se percibe de forma incorrecta, y cámbialo. Cuanto más hagas esto, el proceso se convertirá en algo más natural y rápido.

Tras completar el diseño se puede comenzar a reemplazar los elementos esbozados por los símbolos polinesios correspondientes:

En general, los diseños masculinos tendrán contornos y elementos más gruesos y los femeninos más pequeños, con contornos finos y grandes espacios en blanco entre los elementos.

Como observación, los distintos elementos negros se deberían separar, como mínimo, 1.5 mm para que, con el tiempo, el diseño no se degrade a una mancha negra. Ya que los colores por lo general no están presentes en el tatuaje tribal tradicional, los espacios en blanco tienen casi la misma importancia que las áreas negras: pueden atraer la mirada hacia elementos específicos y pueden contribuir a aportar significados al diseño completo (basta pensar en los huecos en forma de *koru* de los tatuajes maoríes).

Casos de estudio

Analizaremos ahora unos diseños en detalle para ver cómo fueron estructurados, y tener una idea del proceso de diseño detrás de las cortinas.

¡Por favor, no copies estos diseños! No cuentan tu historia... quieren enseñarte el proceso de creación para ayudarte a diseñar el tuyo.

- Brazaletes de Jakub

- Manga corta de Domiziano

- Media manga de Poulomi

- Tatuaje para el tobillo de Michelle

Brazaletes de Jakub

Jakub pidió dos brazaletes para representar la unión entre él y su esposa Anna con sus nombres dentro del diseño:

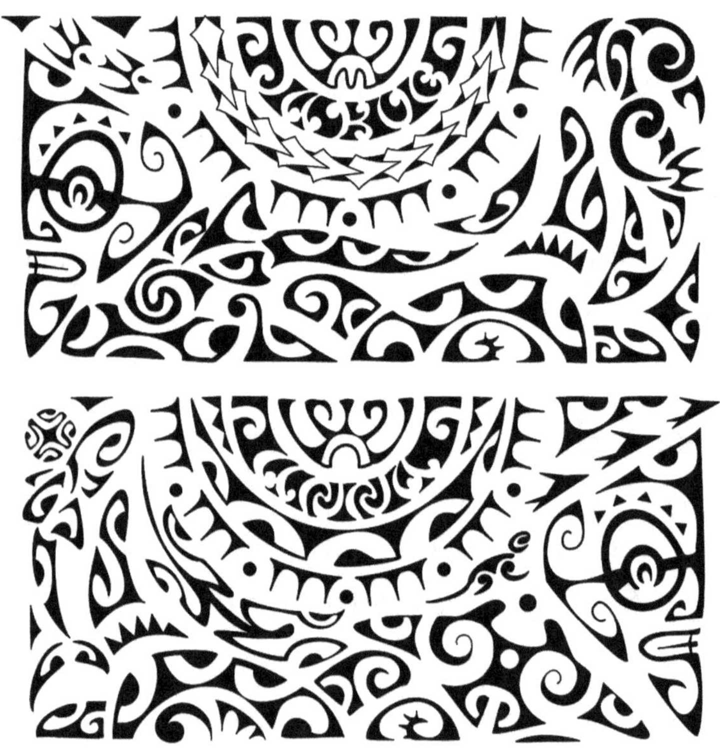

Significados y elementos solicitados:

Boda, unión, amor, protección, fuerza, tortuga, sol, tiburón, anzuelo, lagarto, mantarraya, olas, geco, tiburón martillo, nombres Jakub y Anna.

paso 1: decidir los elementos apropiados

Enata: hombre y mujer

Tortuga: familia

Espiral doble: unión

Sol: eternidad, positividad, alegría

Conchas de mar: amor, intimidad

Tiki: protección

Puntas de lanza: fuerza, guerrero

Luna: feminidad, fertilidad

Tiburón martillo: determinación, tenacidad

Mantarraya: belleza, elegancia

Tiburón: adaptabilidad

Peces y anzuelo: abundancia, prosperidad

Lagarto: suerte

Geco: salud

Olas: cambio

Koru: nueva vida

Montañas: estabilidad

Islas: metas, el lugar a donde llegar

Aves persiguiéndose: ayuda a los seres queridos

Cruz marquesana: armonía, equilibrio

Maorigramas para los nombres

Comprobar la guía rápida puede ayudar a acelerar el proceso.

paso 2: decidir cómo colocarlos

Tenemos dos brazaletes separados que representarán la unión, la creación de una familia a través de dos personas que se casan. Cada brazalete representará, entonces, a cada uno de ellos y algunos elementos serán compartidos.

Hemos elegido el brazo derecho (más fuerte) para él y el de la izquierda (más cerca del corazón) para su esposa: la figura humana en el centro del diseño del brazo derecho representa al hombre, rodeado por un maorigrama (en blanco) de su nombre Jakub (véase el anexo para más información sobre los maorigramas) y por puntas de lanza (el guerrero, fuerza, valor), con un sol a su alrededor (eternidad, positividad) hecho de montañas e islas (la estabilidad y el lugar a donde llegar); el de su esposa incluye una figura femenina rodeada por un maorigrama de su nombre Anna, con una luna de olas (feminidad, fertilidad) en lugar de las puntas de lanza, todo rodeado también por el sol:

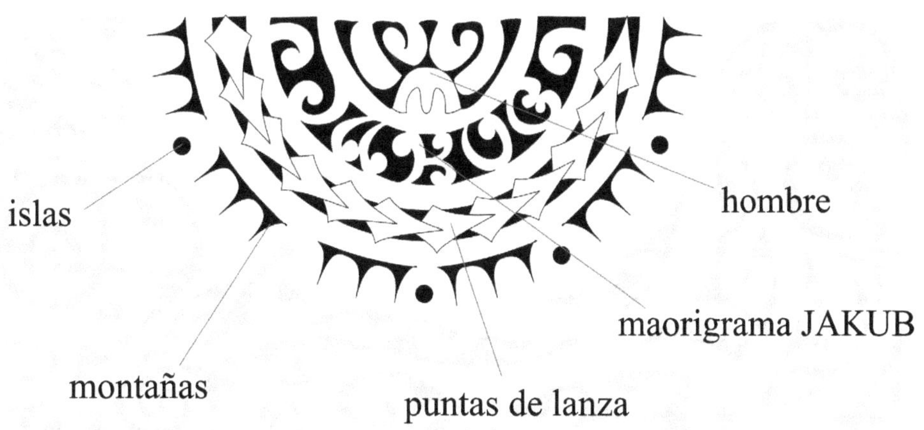

islas
hombre
maorigrama JAKUB
montañas
puntas de lanza

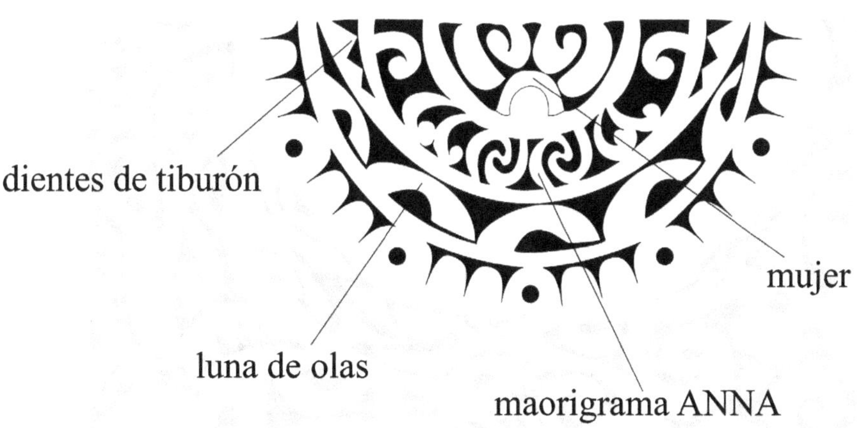

dientes de tiburón
mujer
luna de olas
maorigrama ANNA

Elegimos una tortuga para representar a la familia. Dividimos la misma tortuga para que sea parte de ambos diseños, apuntando a la parte delantera de los brazos para simbolizar que persistirá en el futuro. Las aletas delanteras de la tortuga están hechas por anzuelos para traer prosperidad a la familia.

La tortuga de Anna tiene un *koru* en su interior para simbolizar que algún día dará una nueva vida.

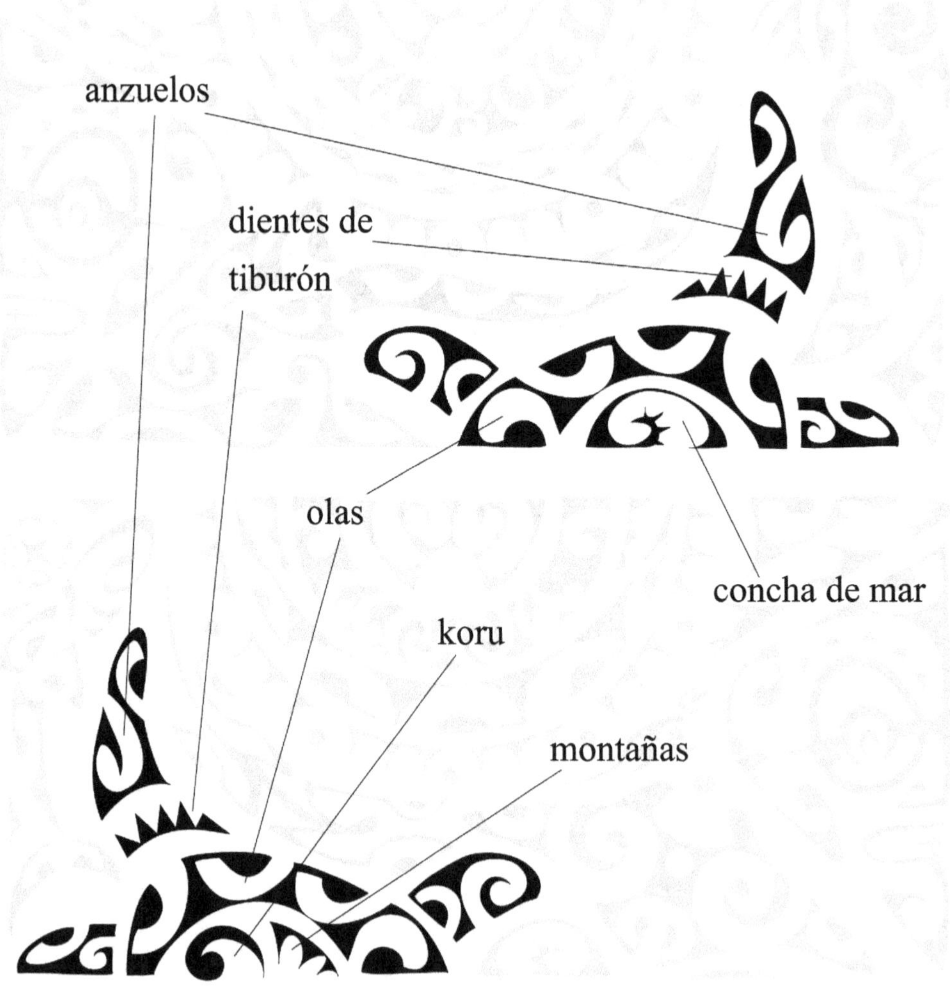

Hay medio sol y media tortuga en cada brazalete para simbolizar que la alegría y la familia están a la mitad si Jakub y Anna están separados y se vuelven completas cuando están juntos.

Los dos brazaletes tienen la misma concha (amor, intimidad) y *tiki* de protección que los guardan, uno a cada lado:

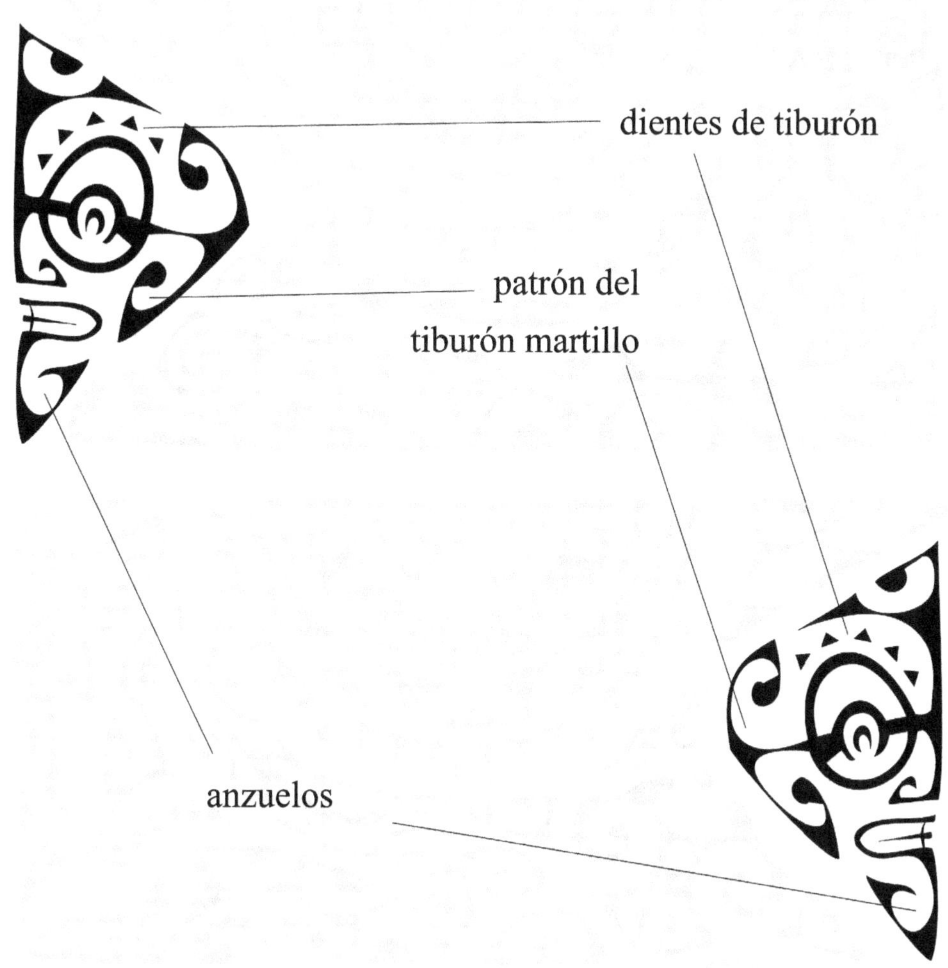

Otros elementos son específicos de cada brazalete para simbolizar que también tienen su propia individualidad, que aportan a la familia para que sea completa.

El brazalete de Jakub incluye un tiburón martillo (determinación, tenacidad y fuerza), un manaia (protector, ángel custodio) y dos palomas persiguiéndose (ayuda a los seres queridos):

El de Anna tiene una manta (belleza, elegancia), un tiburón (adaptabilidad), una cruz marquesana para la armonía, un lagarto y un pequeño geco (suerte y salud).

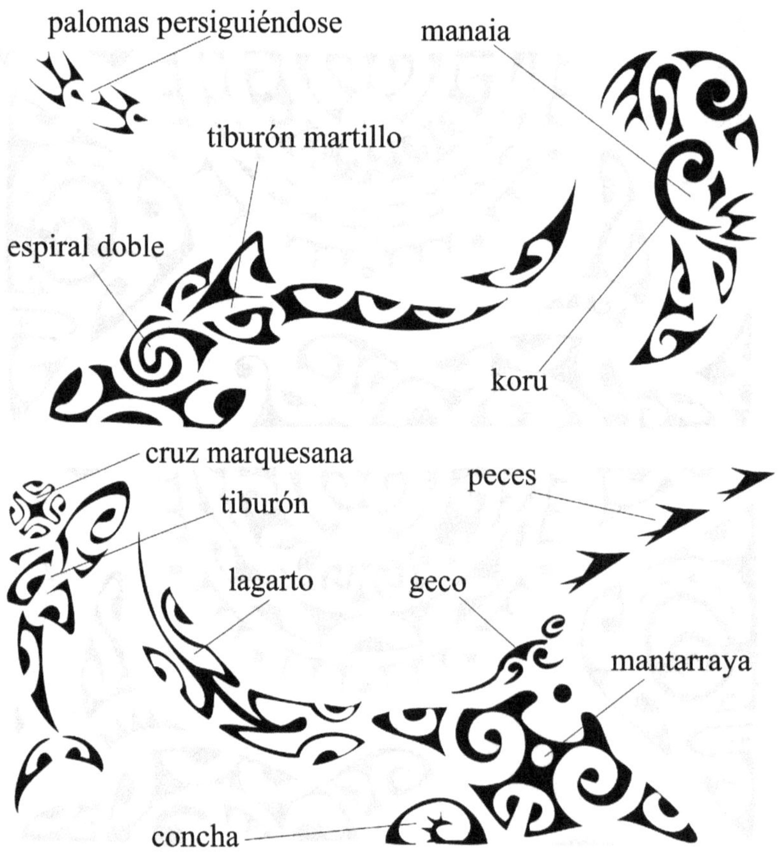

Manga corta de Domiziano

Domiziano pidió un tatuaje a manga corta en el brazo izquierdo para representar alguna cosas importantes de su vida.

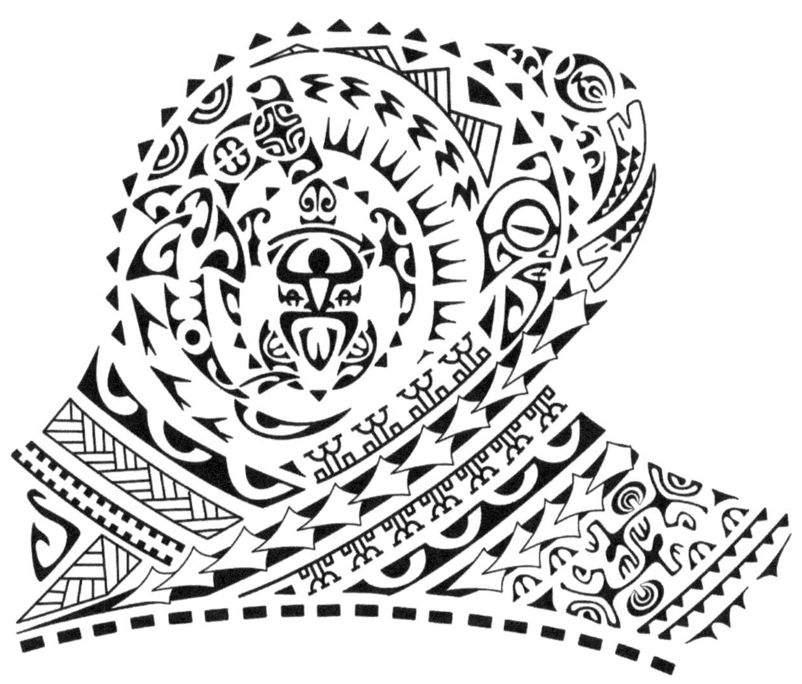

Significados y elementos solicitados:

Importancia de la familia, tenacidad, determinación, viajes, peleas que ha ganado (luchador semi profesional e instructor de defensa personal), protección contra las adversidades, buena suerte.

paso 1: decidir los elementos apropiados

Tortuga: familia

Puntas de lanza, kena: guerrero, luchador, fuerza

Máscara del guerrero: desafío

Tiburón martillo: tenacidad, determinación

Enata: amigos y enemigos

Olas: cambio

Sol: éxito, positividad

Aves: viajes

Peces, anzuelo: prosperidad

Tiki, ojo que-todo-lo-ve, manos y ojos de tiki: protección

Morenas: adversidades

Lagartos: suerte

Ipu: fertilidad

Montañas: estabilidad

Dientes de tiburón: adaptabilidad, protección

Trenza: unión

Hitos: logros

paso 2: decidir cómo colocarlos

Este diseño representa a un luchador, por trabajo y por naturaleza, un guerrero, lo cual va a ser un elemento destacado en el diseño, que debe fluir siguiendo las líneas de los músculos para resaltarlos.

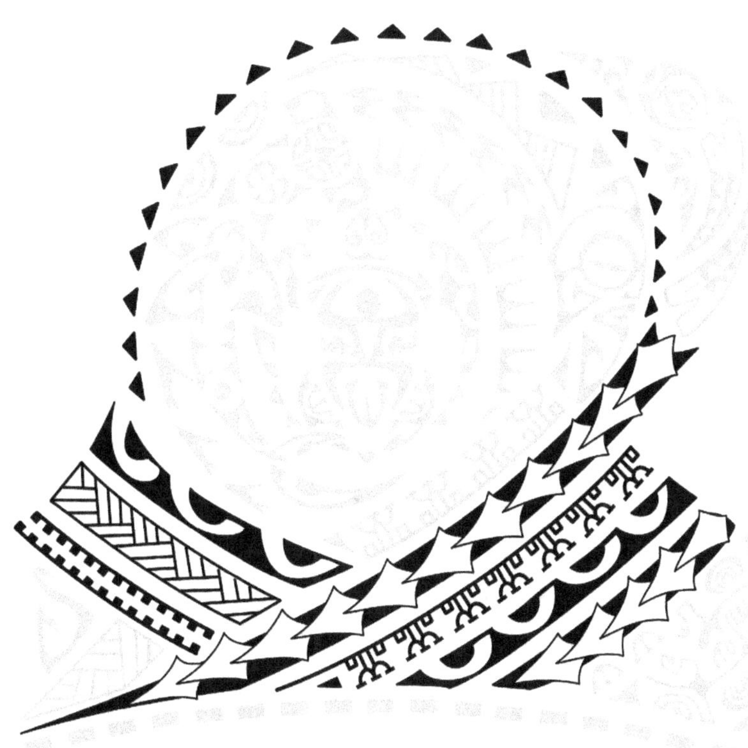

Características principales son la fuerza, la determinación, la valentía y la tenacidad, simbolizadas por un tiburón martillo, *kena* (el guerrero con una lanza sobre su cabeza) y puntas de lanza. El mismo guerrero está conformado para parecerse a una máscara guerrera con su lengua estirada como signo de desafío a los enemigos.

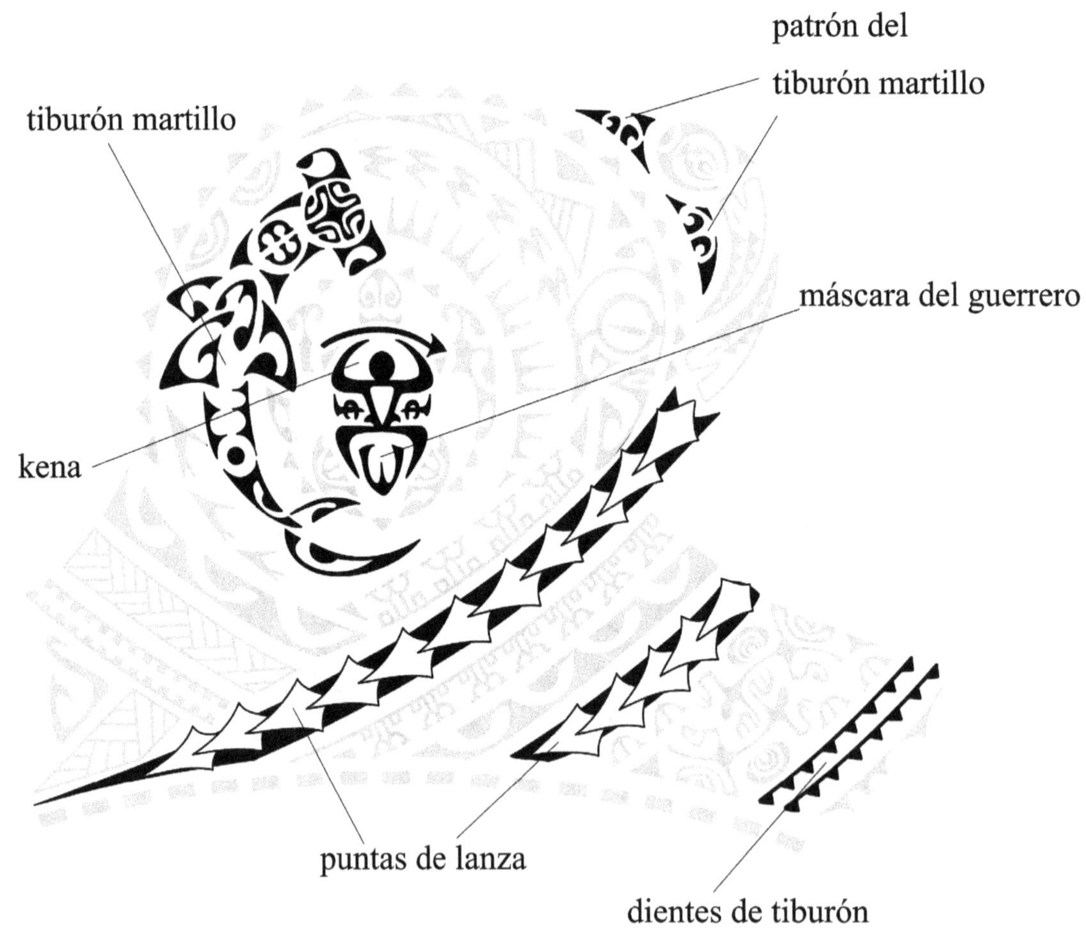

Protegida en medio de su vida, para simbolizar su centralidad, la tortuga representa a su familia, con el doble guerrero siendo su caparazón y protegiéndole de cada cambio (las olas que diseñan las aletas delanteras).

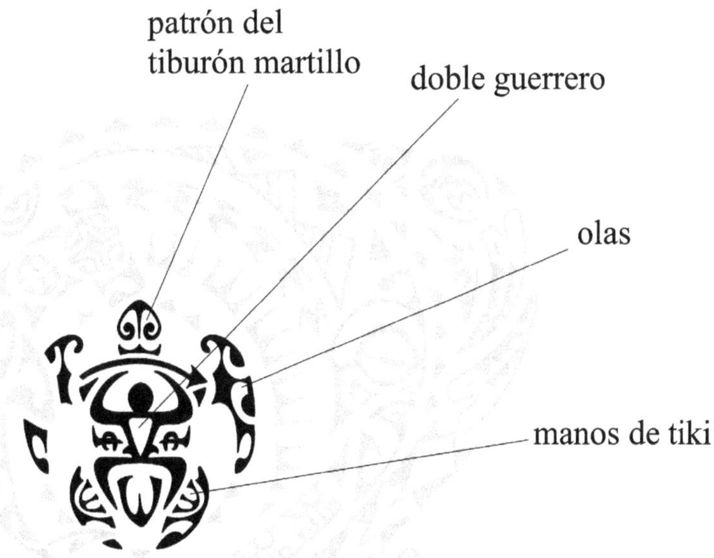

La tortuga está también rodeada y protegida por un tiburón martillo (determinación, protección) a su izquierda y por un sol (alegría, positividad, éxito) a su derecha. Otro sol hecho de dientes de tiburón (adaptabilidad) a su alrededor repite estas características.

Hay varios símbolos de protección en este diseño, como las manos y los ojos de *tiki* y el ojo que-todo-lo-ve en la parte posterior del hombro, que, junto con un *tiki*, mantiene alejadas las dificultades del pasado (las morenas).

Una de las morenas está apuntando hacia arriba y la otra hacia abajo para simbolizar los desafíos espirituales y físicos enfrentados y superados en el pasado.

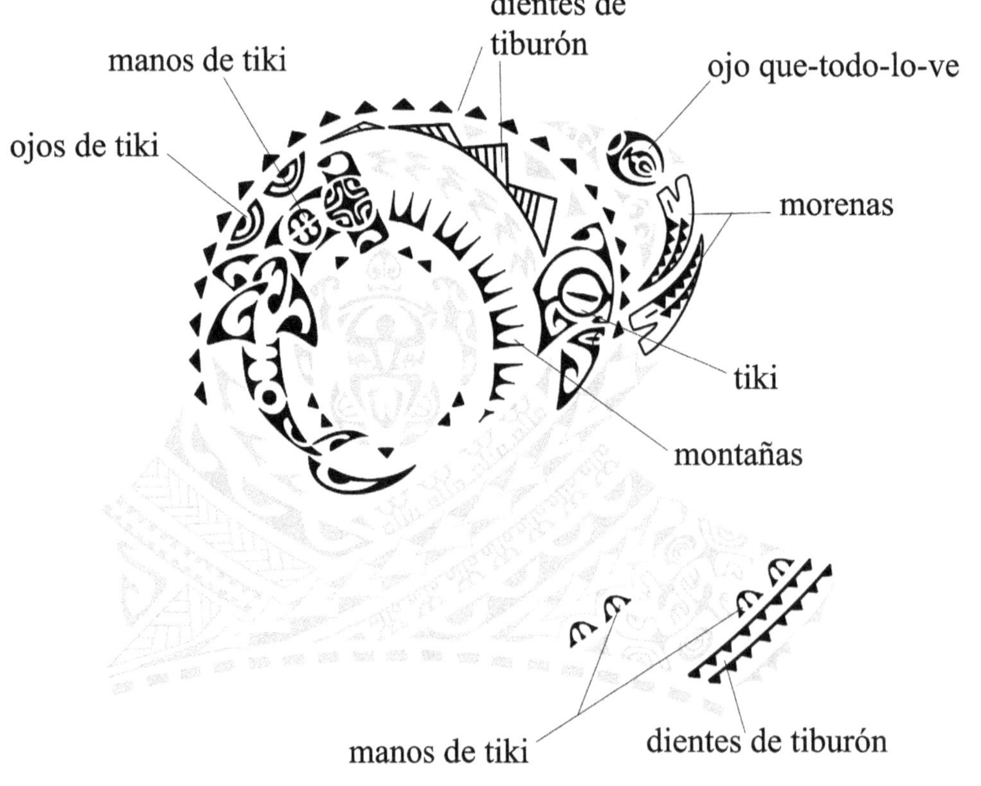

Aves y peces en este tatuaje simbolizan libertad, prosperidad y ayuda y todo fluye alrededor de la familia; se añadió una cruz marquesana para el equilibrio y la armonía, y lagartos para la buena suerte. El camino de Kamehameha representa el sendero difícil que conduce a la prosperidad (anzuelo) y la fila de hitos en la parte inferior del tatuaje representa los logros por los cuales Domiziano ha construido su nueva vida.

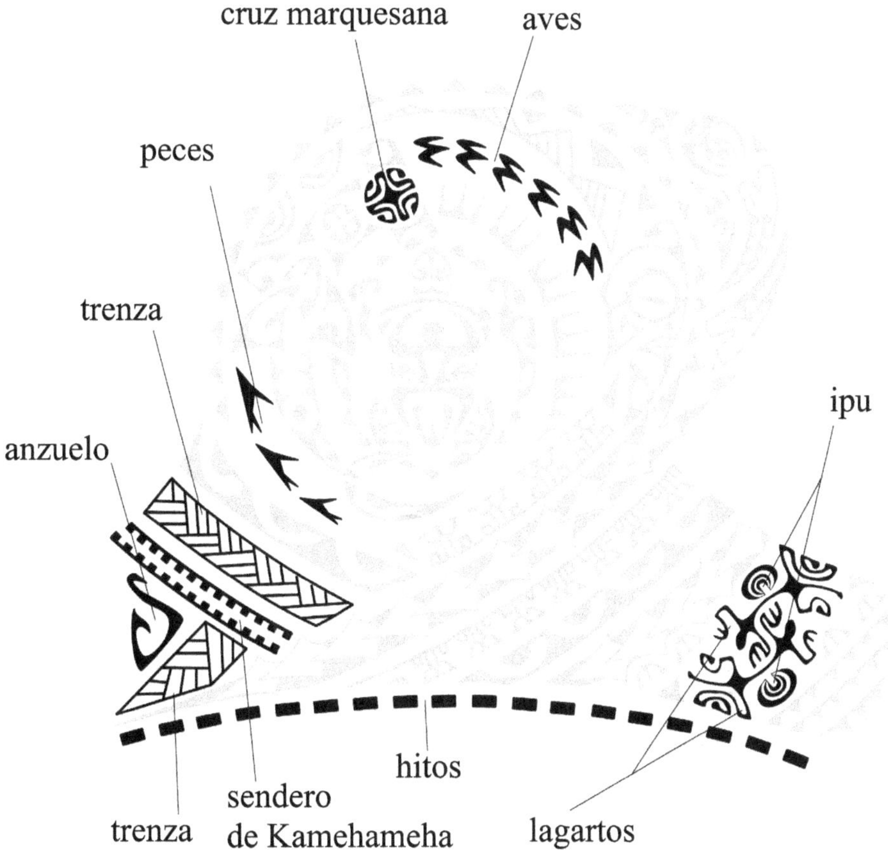

Una hilera de puntas de lanza en el brazalete tiene dos filas de elementos similares por encima y por debajo, simétricas la una a la otra. Son dos filas de *enata* (hombres): en la fila inferior están volcados y representan los adversarios vencidos por Domiziano, mantenidos alejados junto a las dificultades y a los cambios negativos representados por las olas que van hacia abajo en la parte posterior del brazo. Por encima, los hombres de pie representan verdaderos amigos (menos pero más grandes), más cerca de él, junto a las olas que van hacia arriba (cambios positivos).

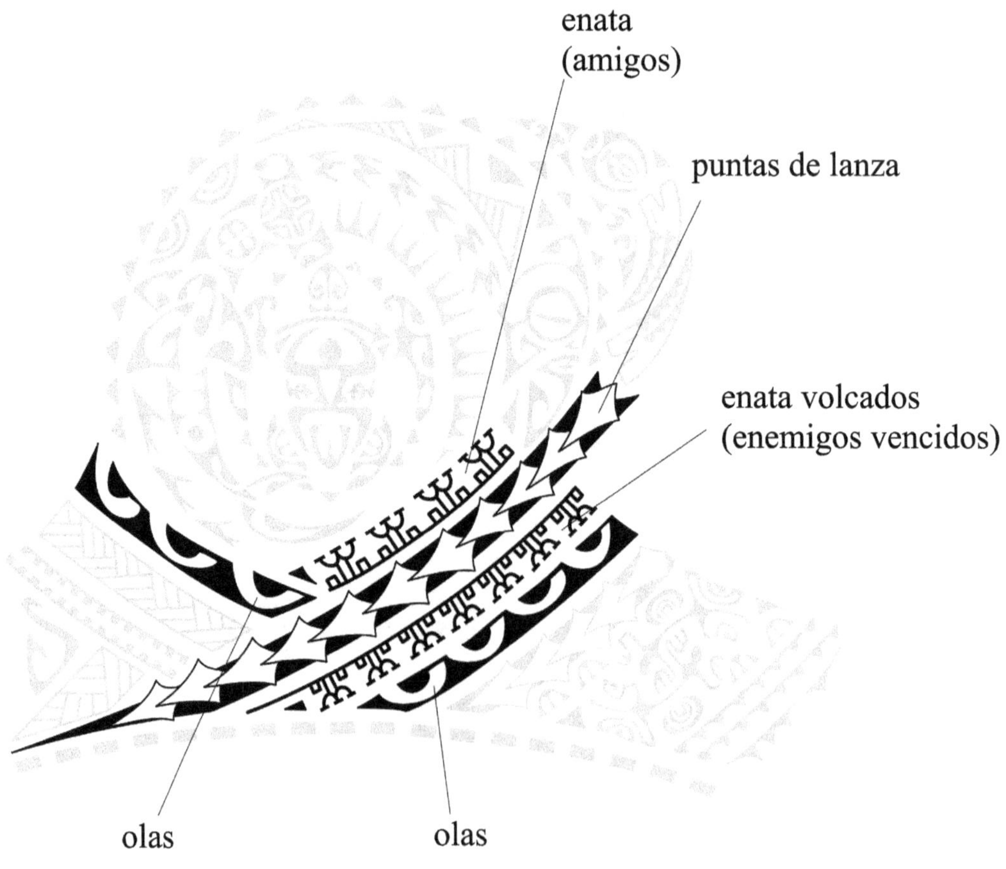

Fuego de Poulomi

Poulomi pidió un diseño para su brazo izquierdo, desde el hombro hasta el bíceps, para representar a algunas personas de su vida.

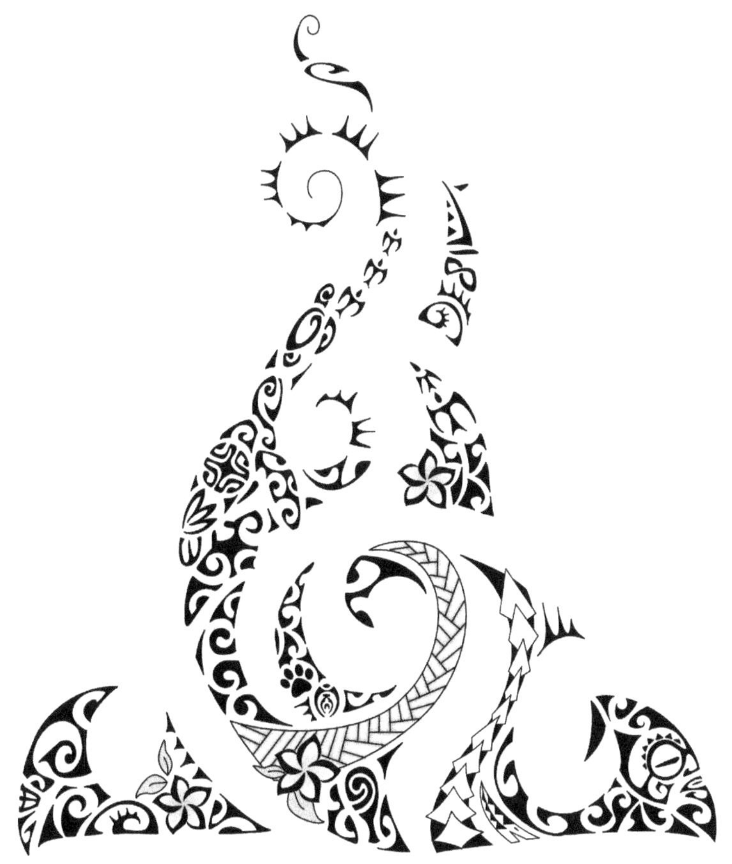

Significados y elementos solicitados:

El fuego como elemento dominante, cambio, coraje, pasión de luchar por aquello en que creemos, los miembros de su familia, su novio y su perro.

Poulomi echa de menos a su abuelo, que fue el protector de la familia. Su abuela es una persona bondadosa y cariñosa. Su madre la nutre y la crió para lo mejor. Su perro iluminó muchos momentos de su vida y ahora es el que necesita ayuda debido a la diabetes.

paso 1: decidir los elementos apropiados

Fuego: la pasión, el elemento gobernante

Tiki: el protector

Flores de plumeria: las mujeres de la familia

Mere: respeto

Trenza: unión

Tortugas y hojas de lino: la familia

Puntas de lanza: fuerza, el valor, el guerrero

Olas: cambio

Palomas persiguiéndose: ayuda siempre concedida

Tiburón martillo: determinación, tenacidad y fuerza

Mantarraya: libertad, protección y elegancia

Sol: positividad, energía

Koru: nueva vida

Anzuelo: prosperidad

Concha de mar: amor y refugio seguro, intimidad

Dientes de tiburón: adaptabilidad

Morena: dificultades

Montañas: estabilidad

Torzal: amor eterno

Ojo que-todo-lo-ve: protección contra el mal

+ 2 símbolos no Polinesios:

Huella de pata: perro

Velero: navegar

paso 2: decidir cómo colocarlos

Ya que el fuego es el elemento guía de Poulomi, lo que refleja gran parte de su carácter y la pasión que pone en sus creencias, decidimos dar forma a su tatuaje como una llama subiendo por el brazo. Al igual que su vida, formada por los momentos vividos con sus seres queridos, la llama fue hecha por otras más pequeñas que los representan.

Las tres flores de plumeria simbolizan la feminidad y representan a las tres mujeres de la familia; se les puede añadir un toque de color para representar la belleza de la vida.

La llama principal representa a Poulomi y de abajo hacia arriba (de la materia al espíritu) encontramos: el patrón del tiburón martillo (determinación y tenacidad, fuerza), la mantarraya (libertad, protección y elegancia), tortugas (familia; una cruz marquesana dentro de la primera es la armonía, las hojas de lino son para la unión y una mano de *tiki* es para la protección). Las aves representan la libertad, mirar el mundo desde una perspectiva más alta, y conducen al sol (positividad, alegría y éxito) en forma de *koru* para simbolizar un nuevo comienzo. Los elementos superiores son un anzuelo (prosperidad) y otro *koru* estilizado.

En la base, cerca de la llama derecha que representa a su abuelo, un *mere* (corto bate de los jefes) simboliza el respeto que siente hacia él.

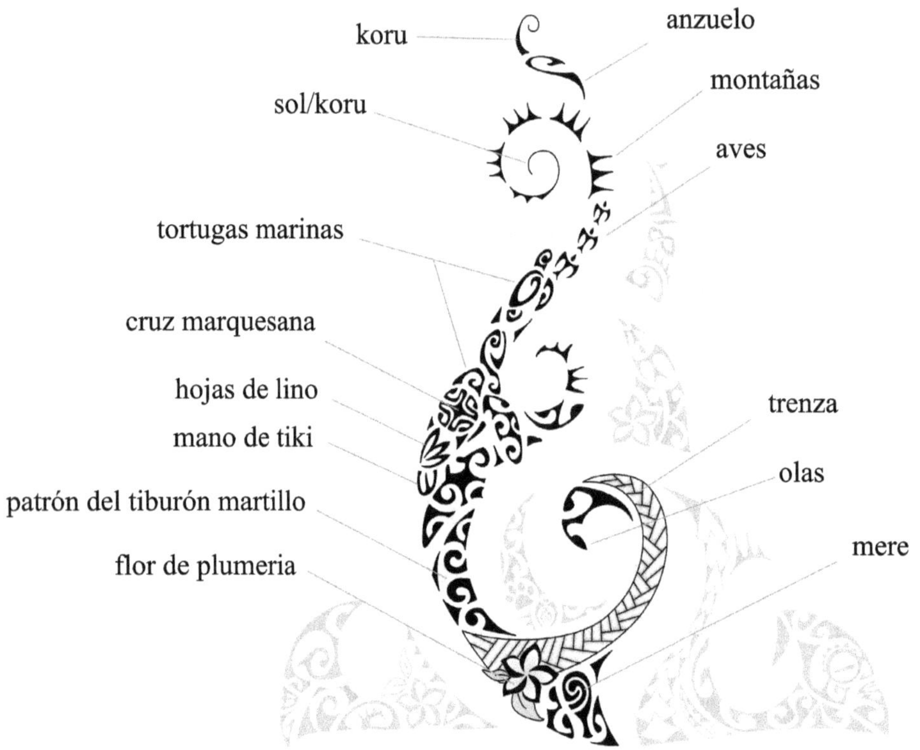

En la página siguiente, la gran llama a la derecha con forma de anzuelo (prosperidad, status quo) representa a su abuelo Sati Nath (el maorigrama de las letras SN aparece en el interior de la misma). Era el protector de la familia (el *tiki* orientado hacia el exterior).

La morena que apunta hacia abajo representa las dificultades materiales enfrentadas y vencidas con fuerza y valor (la hilera de puntas de lanza y el patrón de tiburón martillo que simboliza determinación y tenacidad, rasgos que su abuelo y Poulomi comparten).

Su camino comienza cerca del de Poulomi; aparentemente se dividieron (simbolizado por un espacio más amplio entre las dos llamas) pero al final se acercaron de nuevo. Donde sus caminos se vuelven a encontrar, la llama de Poulomi tiene la forma de un *koru* (nuevo comienzo), con olas (cambio) y trenza (unión, para simbolizar que él siempre estará con ella).

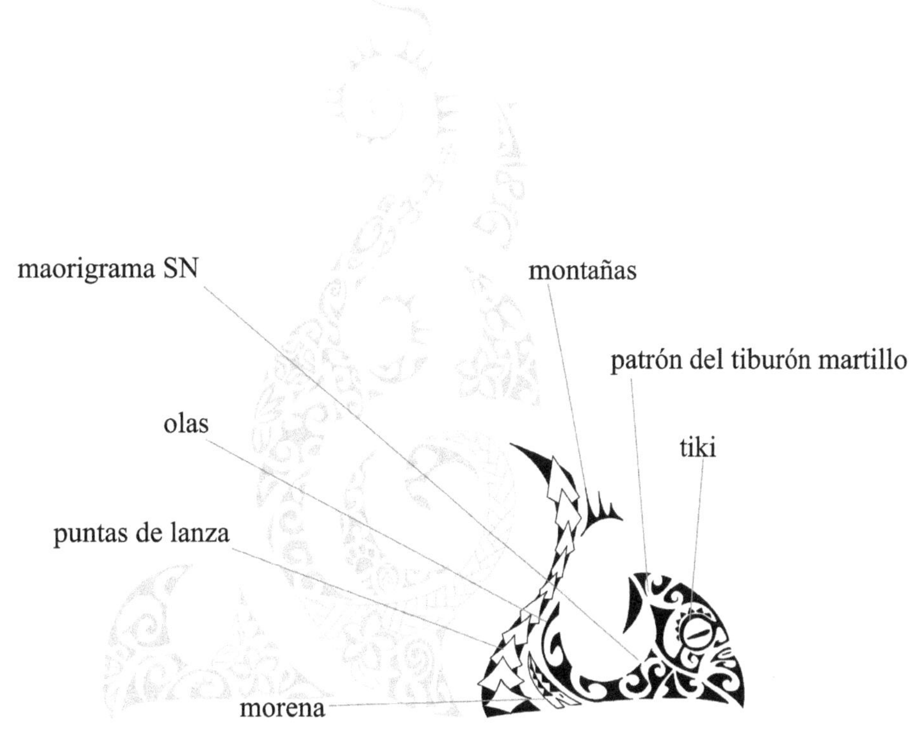

La llama a la izquierda representa a su abuela Purabi (colocamos un maorigrama P en ella, a la izquierda de la concha de mar). La concha representa amor y refugio seguro, intimidad, y el diente de tiburón simboliza capacidad de adaptación y resistencia. El *tiki* protege a Poulomi y, junto con el que representa a su abuelo a la derecha, la protege completamente, tanto en el pasado como en el futuro.

Las llamas de sus abuelos están posicionadas en la base del diseño para abrazarla y ser su cimiento.

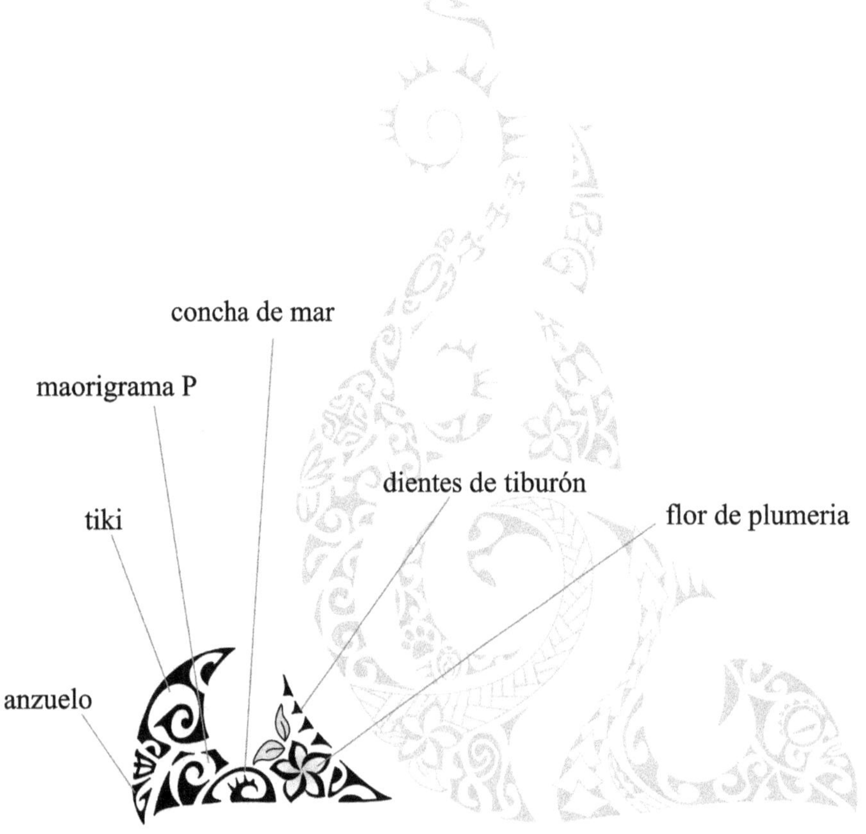

Kasturi es la madre de Poulomi (maorigrama K al lado de la flor): las dos aves persiguiéndose representan que ella siempre estará allí para apoyar a Poulomi cada vez que necesite su ayuda. A su izquierda, en la llama de Poulomi, montañas simbolizan la estabilidad que representa para ella.

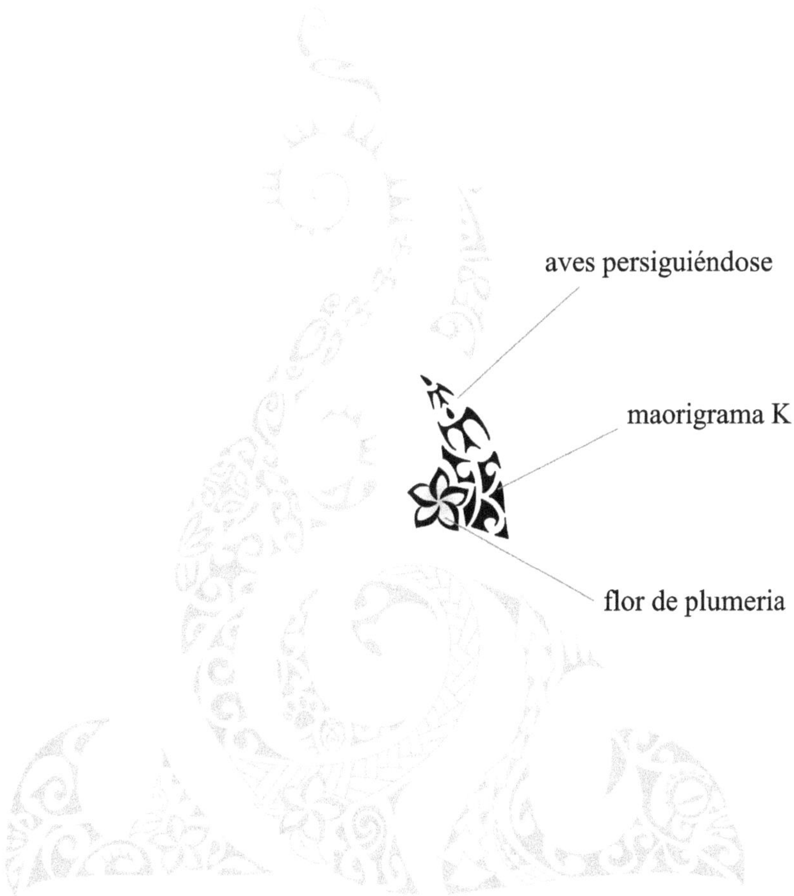

Subiendo nos encontramos con la llama de su novio: la concha es para el amor y la intimidad, las montañas para la estabilidad y un torzal para el amor eterno y la unión. Un barco de vela simplificado completa la llama junto con los dientes de tiburón (protección en el mar).

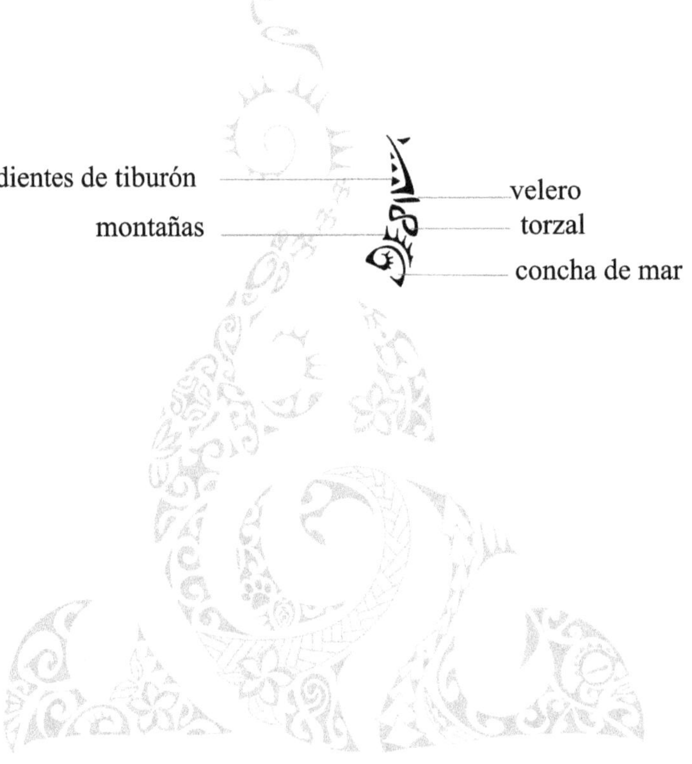

El velero simplificado y la huella de la pata de perro no son diseños polinesios pero son un buen ejemplo de cómo los elementos no tradicionales pueden también ser incorporados en un tatuaje más tradicional sin comprometer su aspecto general y su armonía.

Las primeras 4 llamas rodean la de Poulomi, ya que representan las personas que la protegen; una última pequeña llama se colocó dentro de la llama de Poulomi porque representa a su perro Khushi que está protegido por ella.

Dicha llama la componen una K, la huella de la pata y el ojo que-todo-lo-ve para alejar el mal. Las montañas son para desearle estabilidad entre cambios (las olas).

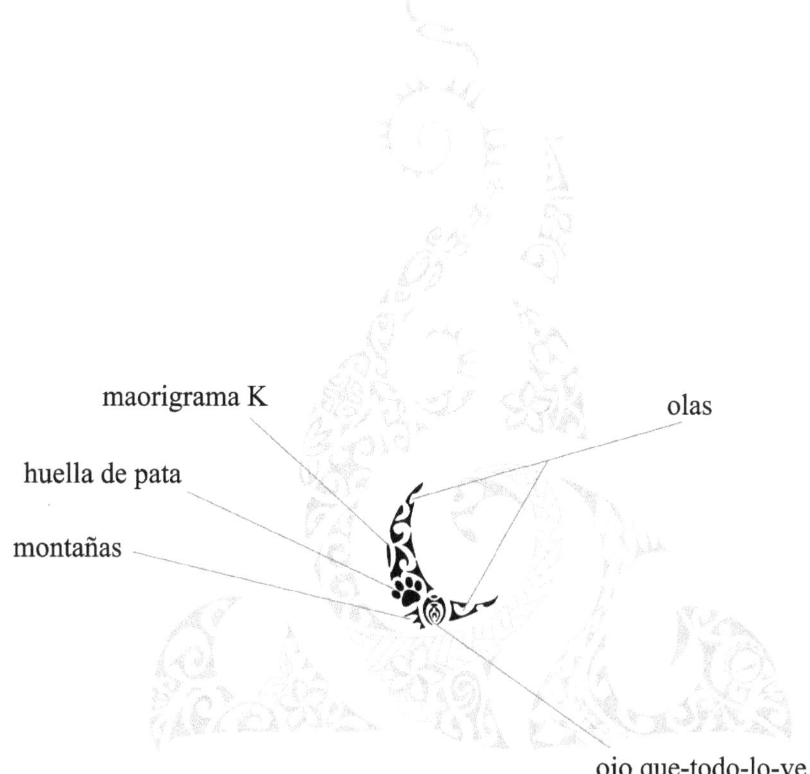

Tatuaje para el tobillo de Michelle

Michelle pidió un diseño que va alrededor de su tobillo y baja hacia su pie, con tres flores de plumeria (una por sus seres queridos perdidos y dos por sus hijas), y que simboliza el nuevo comienzo, amor por el mar, amor, fuerza, felicidad y equilibrio en la vida.

Significados y elementos solicitados:

Tres flores de plumeria, nuevo comienzo, amor por el mar, amor, fuerza, felicidad y equilibrio en la vida, para rodear el tobillo.

paso 1: decidir los elementos apropiados

Ipu: antepasados
Sol: felicidad
Dientes de tiburón: fuerza
Concha de mar: amor
Koru: nuevo comienzo
Gaviota: perspectiva más alta
Olas: el mar
Cruz marquesana: equilibrio
Patrón de caparazón de tortuga: familia
Flores de plumeria

paso 2: decidir cómo colocarlos

La flor más grande de plumeria fue colocada en la parte posterior del tobillo, ya que está relacionada con el pasado, y representa los antepasados (como el *ipu* en su interior), descendencia y fertilidad.

El sol alrededor del hueso del tobillo (eternidad y alegría), hecho de dientes de tiburón (resistencia, adaptabilidad), lleva junto a él un patrón de caparazón de tortuga que representa a la familia y que une la planta de pulmeria de los antepasados de Michelle con las otras dos más pequeñas que representan a sus hijas.

La concha de mar es para el amor, la intimidad y el refugio seguro, el *koru* es para una nueva vida y las olas simbolizan el amor de Michelle por el mar.

La gaviota en la parte superior representa la libertad y ver el mundo desde un punto de vista más elevado.

La cruz marquesana que une las dos plumerias más pequeñas de las hijas de Michelle representa el equilibrio, la unión de los elementos y la armonía, que es lo que las dos representan para ella.

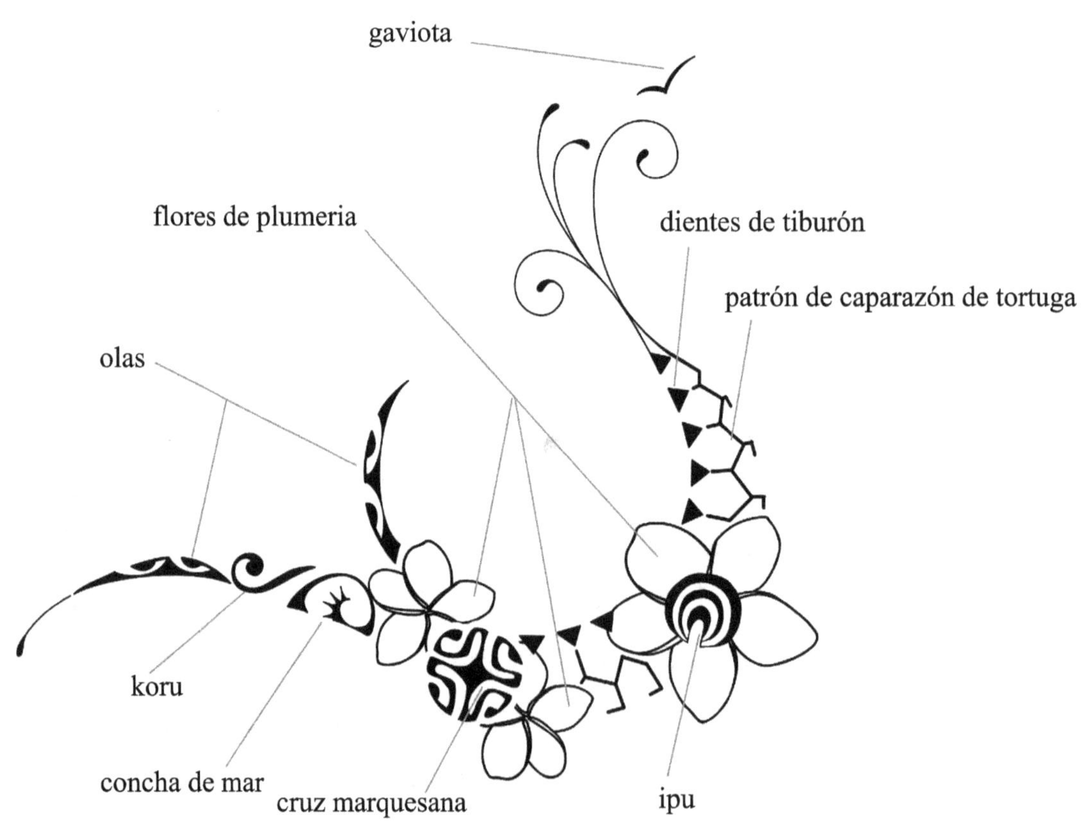

En este caso hemos utilizado algunos elementos no tradicionales de nuevo para refinar el diseño (los remolinos en la parte superior); la inspiración fue tomada de las flores de hibisco y la forma redonda de los remolinos los hace similares a *koru*, con los brotes en crecimiento que representan nueva vida y desarrollo.

Titiro, whakarongo, korero

"Observa, escucha, luego habla"

6 DISEÑOS BÁSICOS

"Titiro, whakarongo, korero"
—Observa, escucha, luego habla

Los siguientes diseños son muy simples y pueden ser utilizados como "bloques de construcción" para crear tantos nuevos diseños como la creatividad permita. Los contornos vacíos se pueden utilizar en el inicio del proceso de creación (véase el capítulo anterior) para ayudar a decidir el posicionamiento de los elementos y luego se pueden rellenar con patrones dedicados. Si vas a utilizar los diseños de este capítulo, te sugerimos personalizarlos en vez de usarlos como están, ya que un toque propio siempre será la mejor manera de hacer un tatuaje único y personal.

Éstas son algunas formas, pero crear otras nuevas es muy fácil con conocimientos básicos de diseño gráfico: busca en la web una foto del animal que quieres incluir en tu diseño; cuanto más cerca de la forma que deseas, más fácil modificarla más tarde. Si tuvieras que ajustar una foto común te sugerimos un programa gráfico estándar, pero si estás trabajando en un diseño tribal entonces la mejor opción es un programa de gráfica vectorial.

La ventaja de usar este último es que se pueden cambiar las formas con sólo arrastrar sus contornos, sin borrarlas ni volver a diseñarlas; cambiar su tamaño también es inmediato.

Contornos y rellenos se pueden modificar fácilmente por separado, de modo que basta con encontrar una foto del animal que quieres incluir, trazar su contorno (algunos programas tienen una función muy útil "vectorializa imagen" que ayudará en esta etapa) y "apagar" el relleno. ¡Tu imagen esbozada ya está lista para ser incorporada como una guía en tu nuevo diseño!

Aves

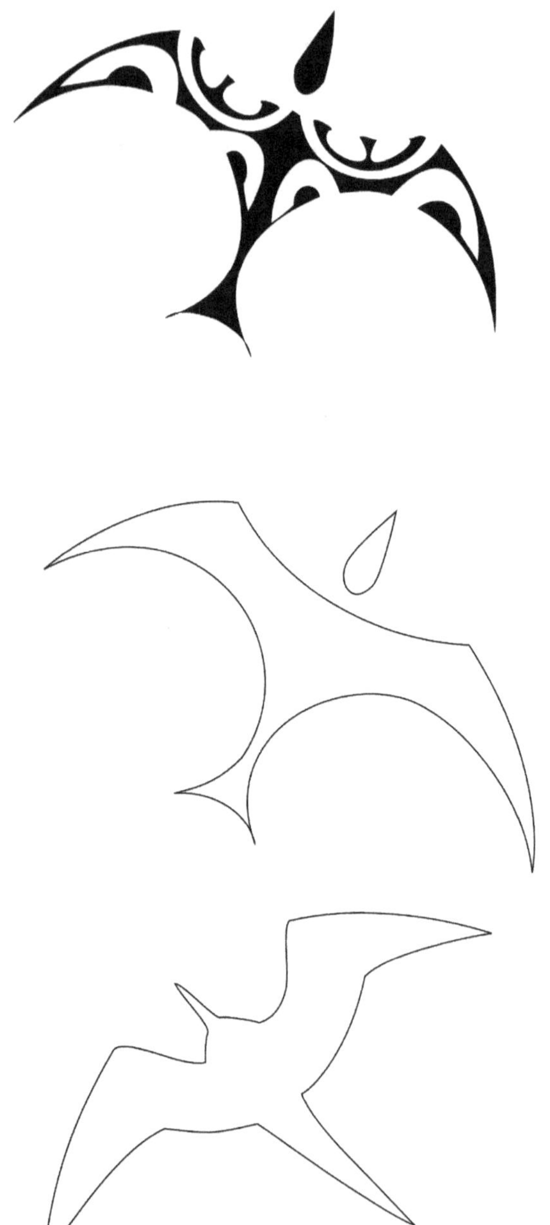

Mantarrayas

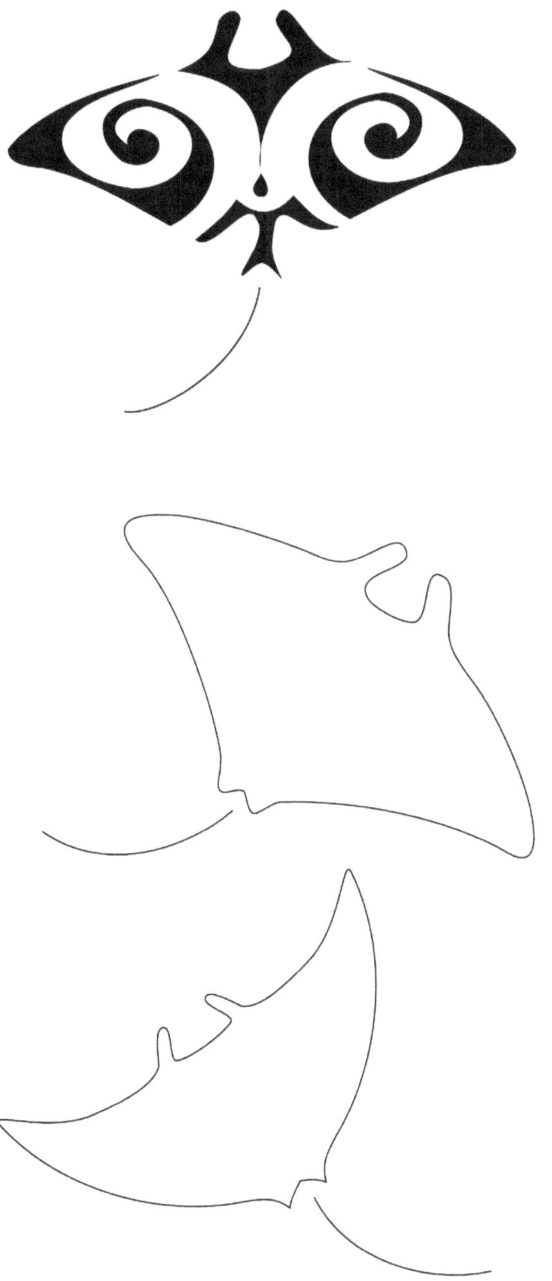

Tiburón martillo

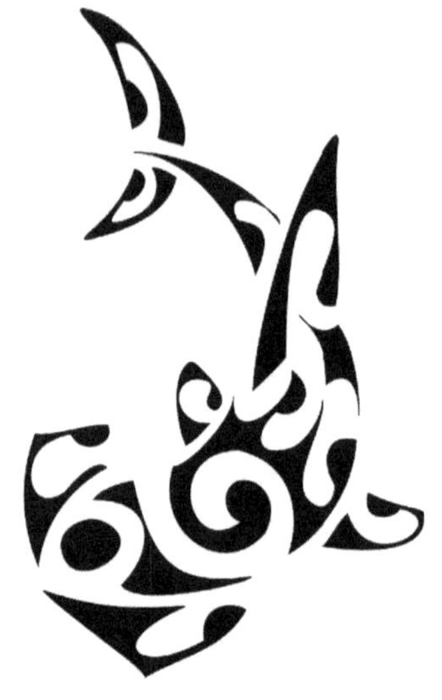

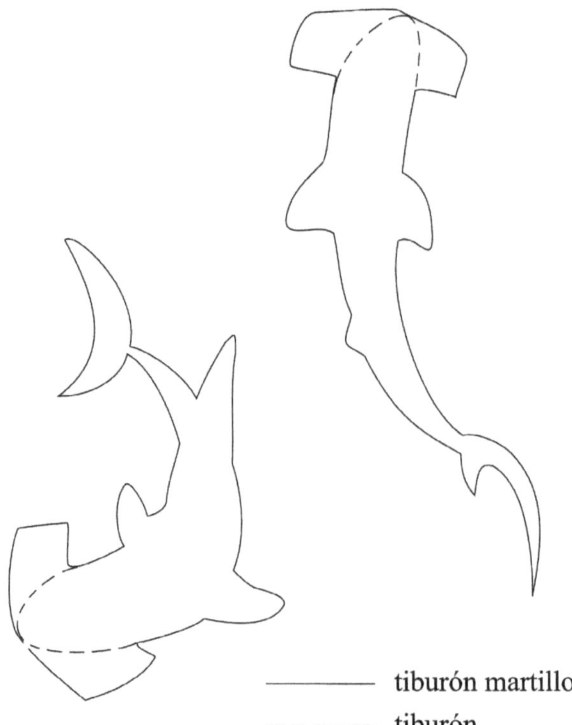

Delfines

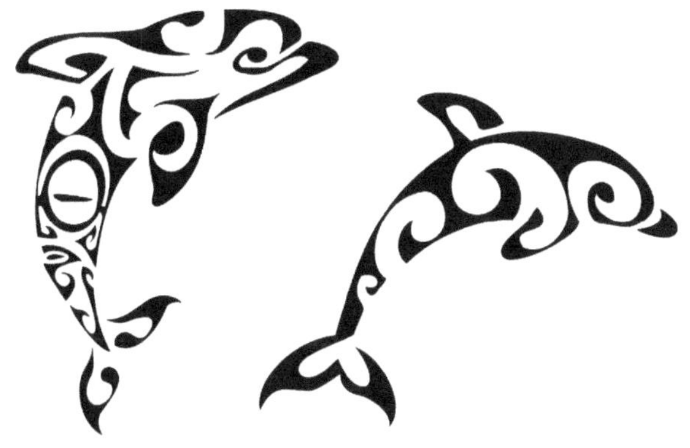

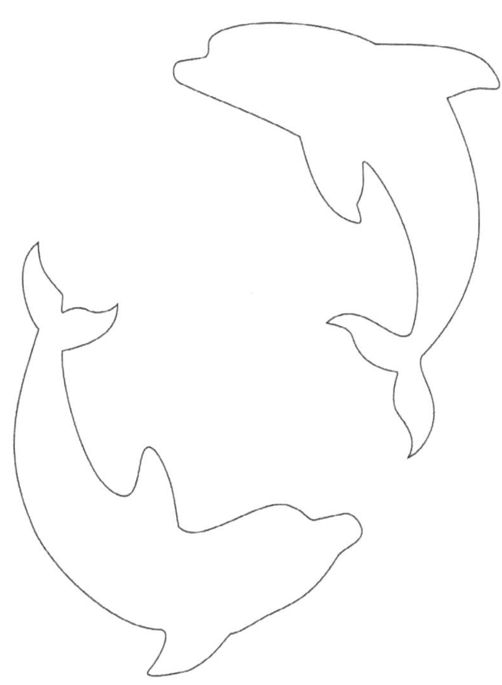

Tortugas

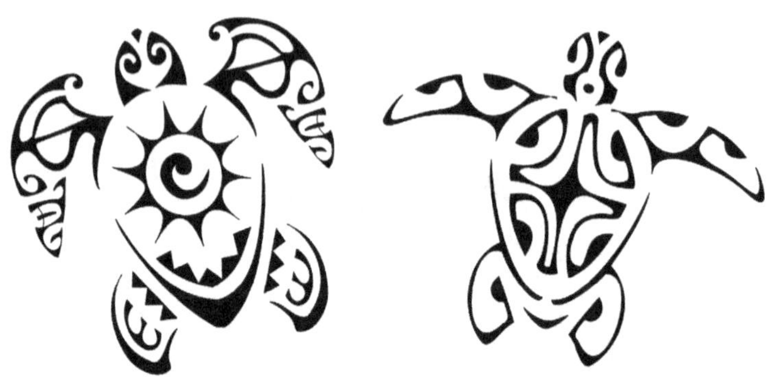

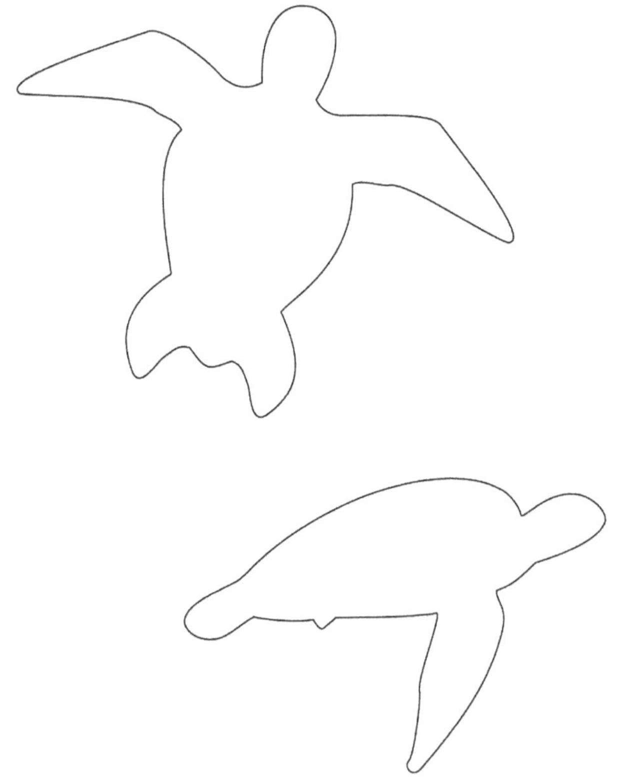

Caballo de mar

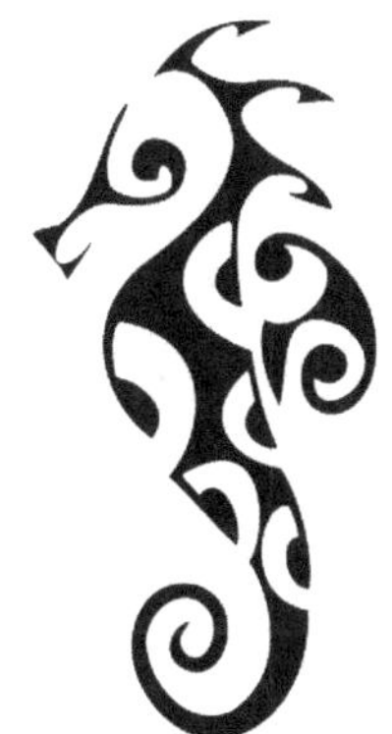

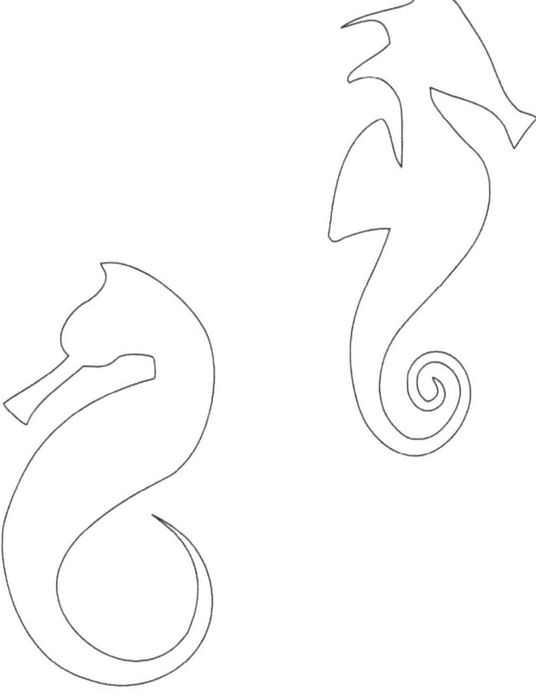

Geco / lagarto

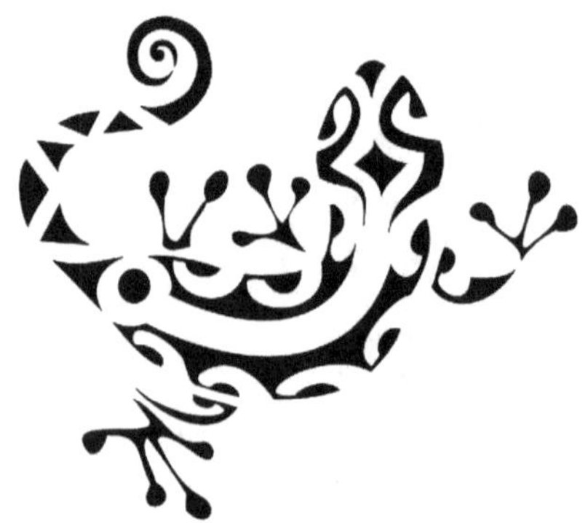

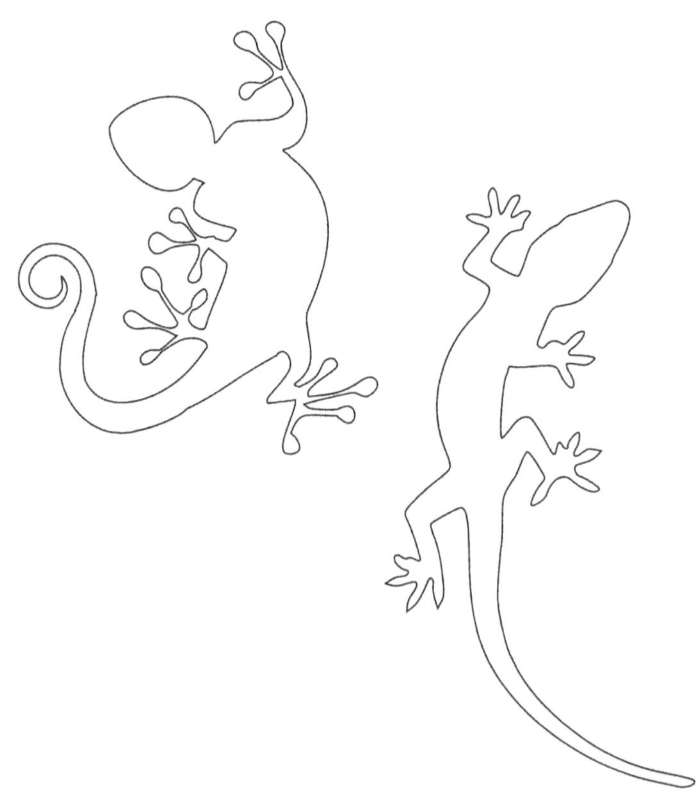

Rana

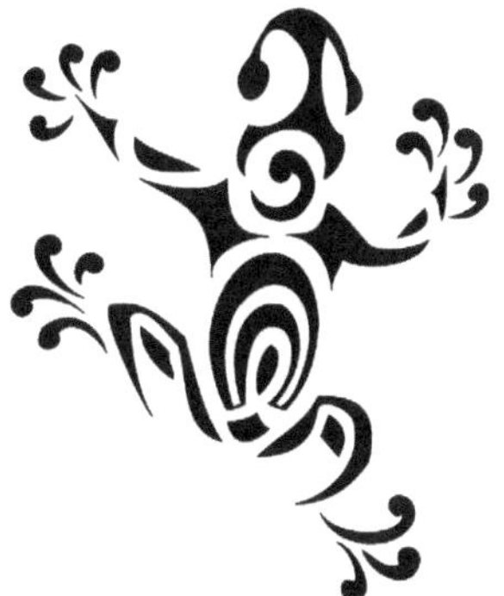

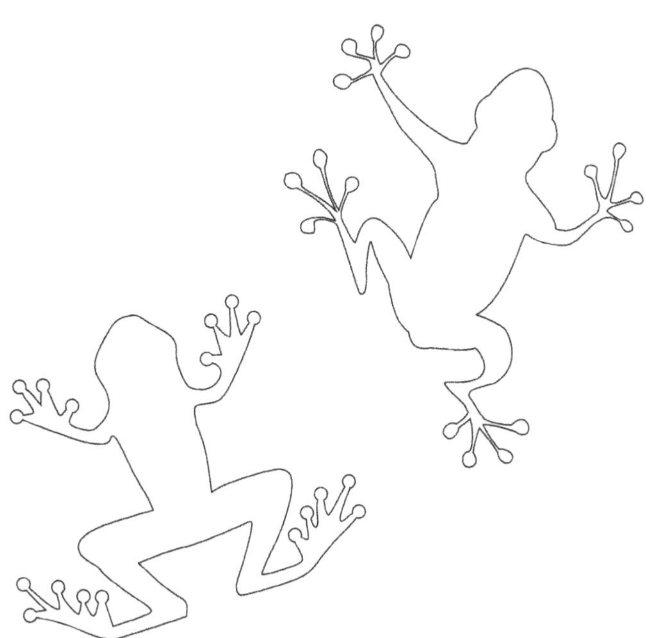

Pez vela / pez espada

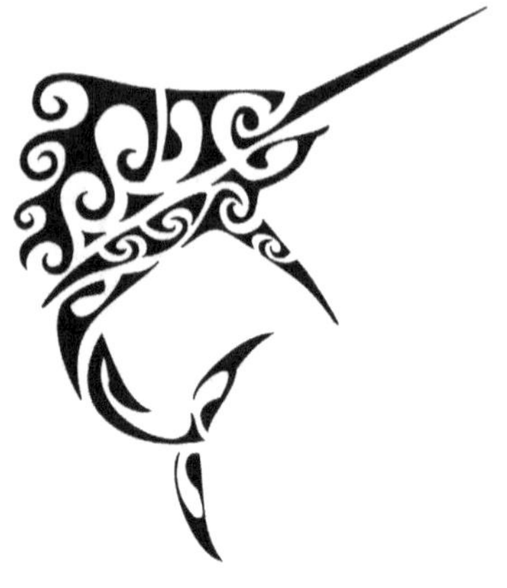

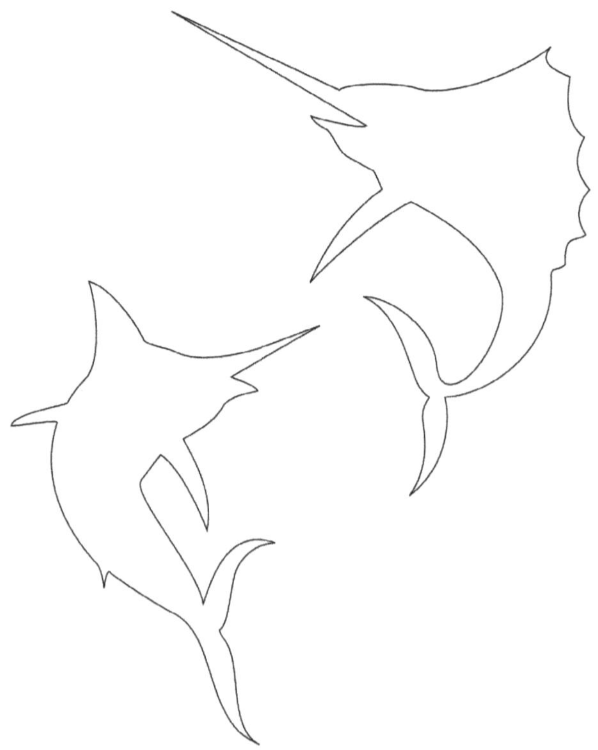

Medusa

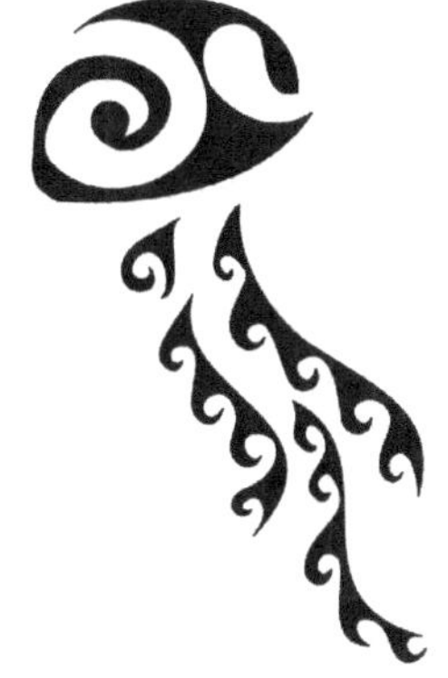

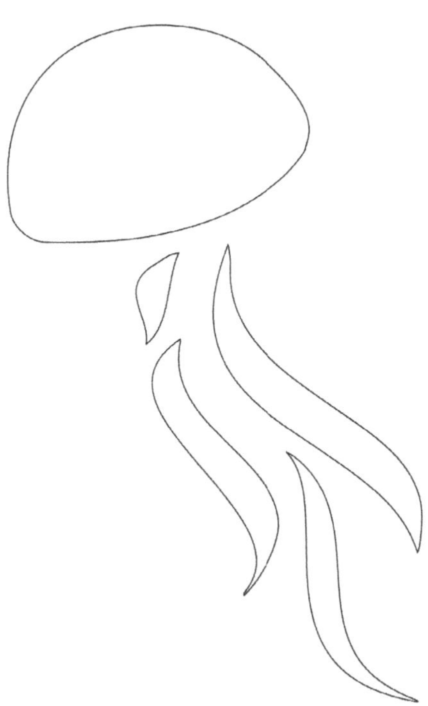

Alfabetos

En primer lugar, a la hora de escribir un nombre en estilo polinesio, hay que entender que la gente polinesia no tenía alfabetos escritos, así que debemos encontrar otra manera de integrar las letras de otros alfabetos en nuestros diseños.

Elementos básicos

En Tattoo Tribes decidimos crear un alfabeto específico a partir de elementos básicos que pertenecen a culturas polinesias, escogidos por su forma y significado: el *koru* y el ojo de *tiki*; ambos están ampliamente tratados en el capítulo 3.

No hay formas fijas ni diseños estándar que no se puedan variar ni modificar al propio gusto; esto permite crear CUALQUIER forma y CUALQUIER alfabeto, simplemente por medio de estos dos símbolos, de forma más sencilla al utilizar su versión simplificada.

Los *koru*, en particular, son aptos para dejar partes en blanco dentro de otros elementos y de hecho sirven para este propósito en muchos diseños maoríes.

Por esto llamamos a este tipo de escritura "maorigramas".

Koru:

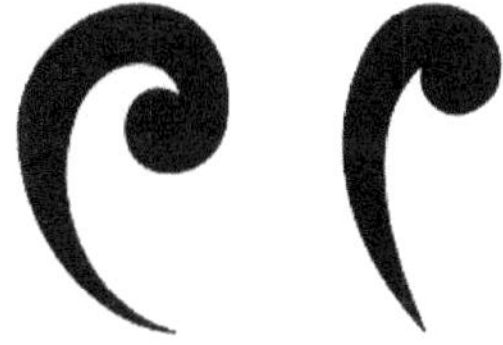

Ojo de Tiki:

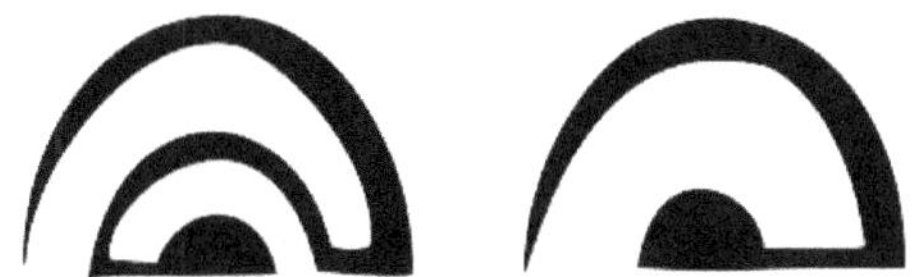

La mejor integración se obtiene dejando las letras en blanco dentro de un diseño que puede ser tanto lleno de color como de patrones tradicionales. Esta última solución proporciona los mejores resultados estéticos como se puede observar en el siguiente alfabeto latino, donde hay una muestra de la letra a la izquierda y la correspondiente versión "de corte" con los rellenos tradicionales a la derecha.

Alfabeto latino

A:

 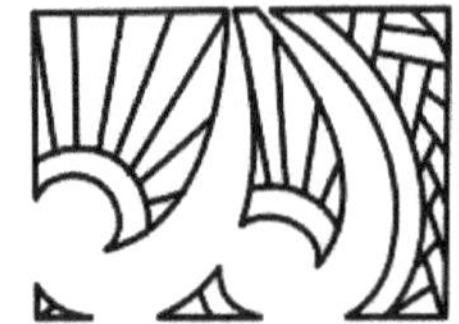

variante

B:

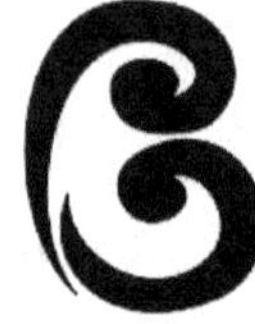 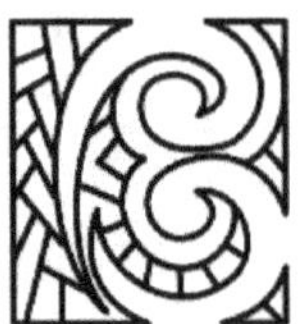

C:

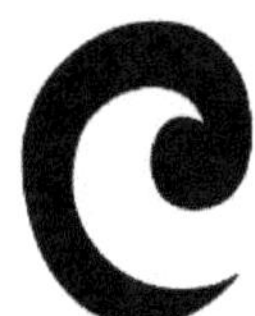 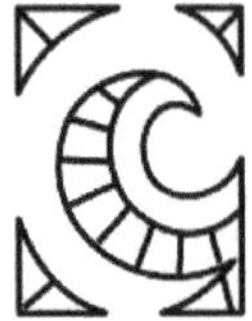

D:

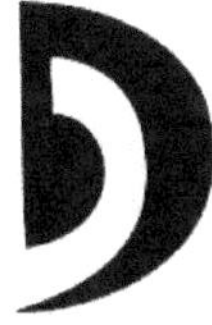 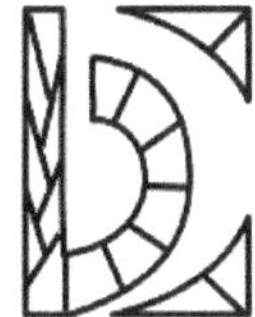

E:

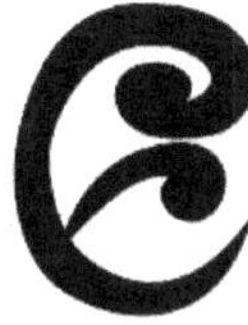 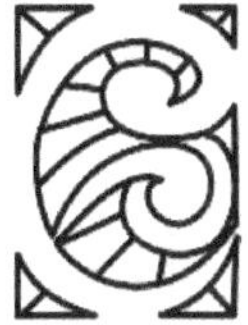

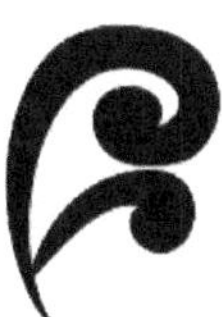

variante

F:

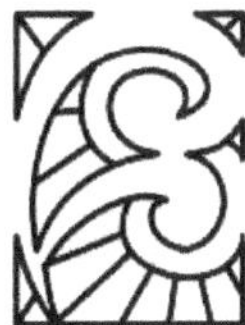 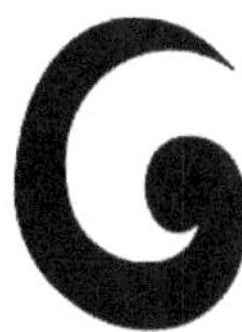

G:

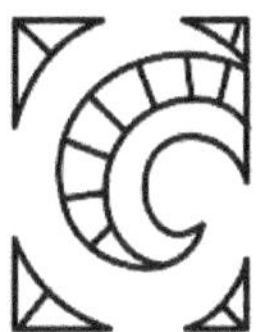

H:

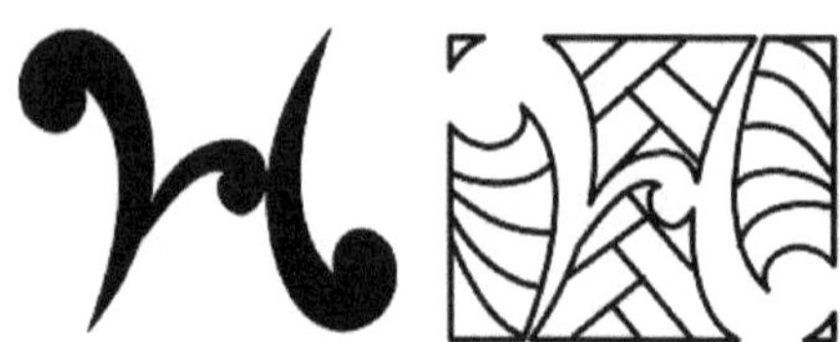

I:

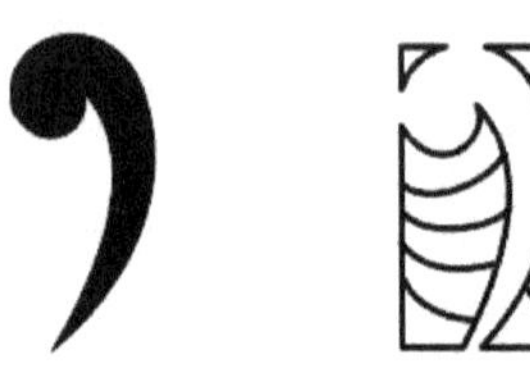

J:

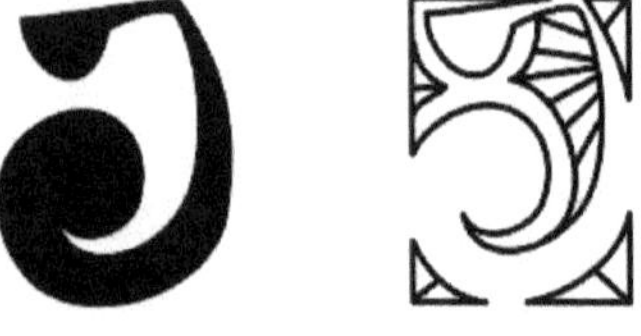

K:

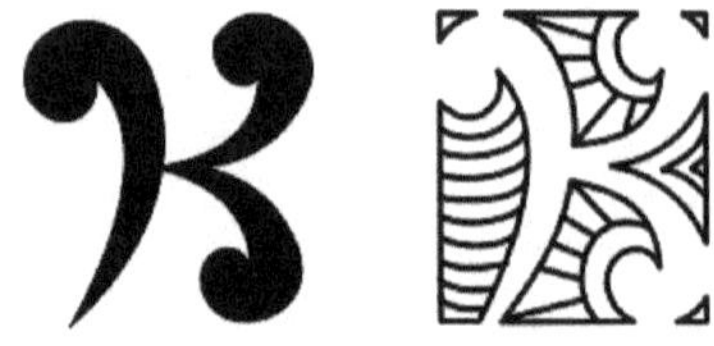

L:

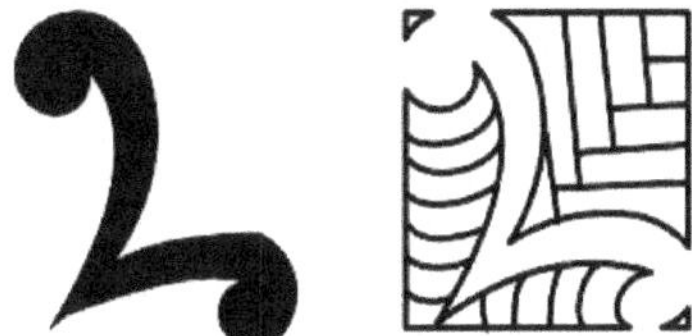

M:

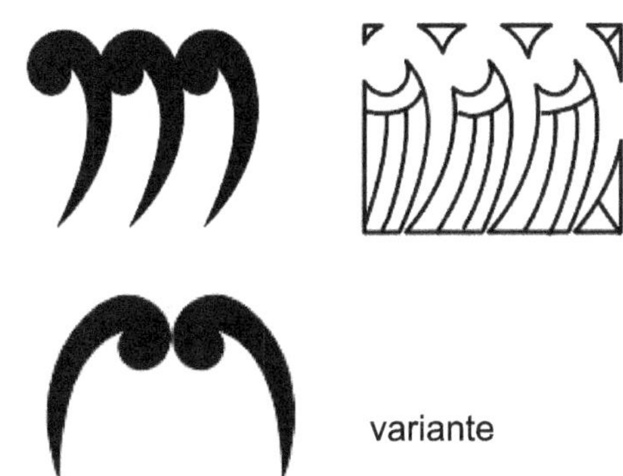

variante

N:

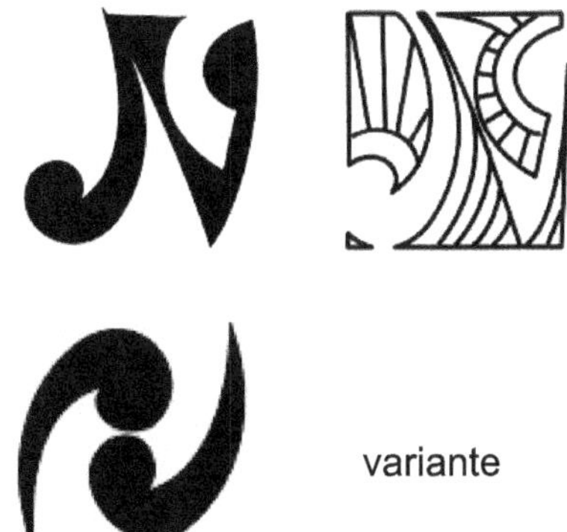

variante

O:

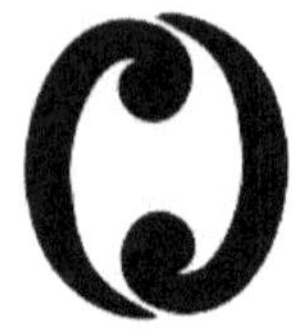 

P:

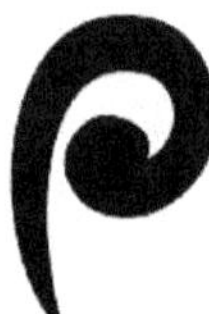 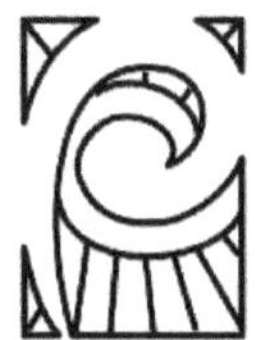

Q:

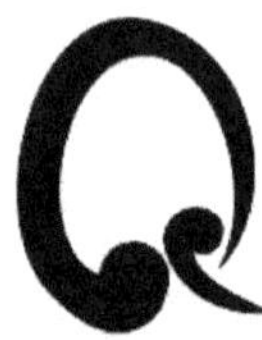 

R:

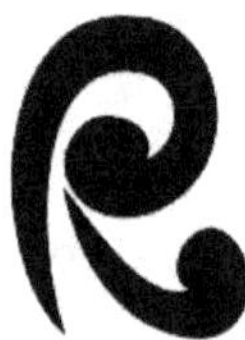 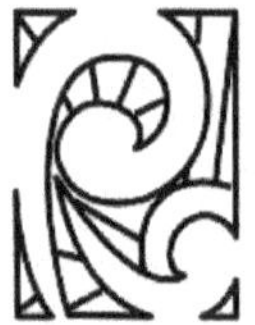

S:

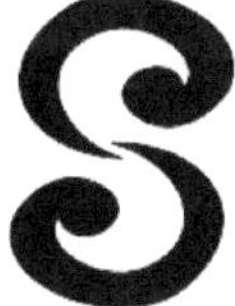 

T:

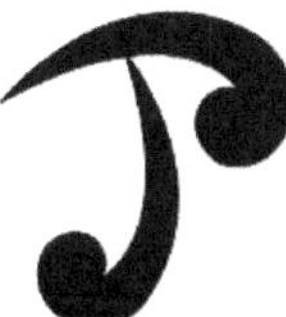 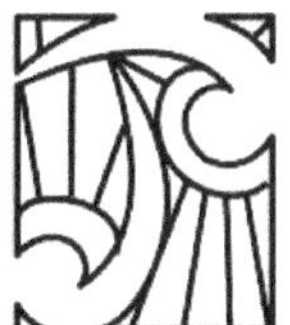

U:

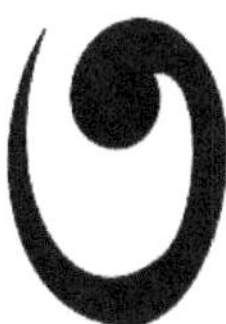 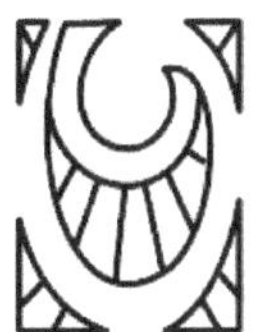

V:

 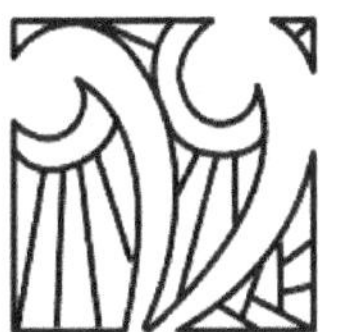

W:

X:

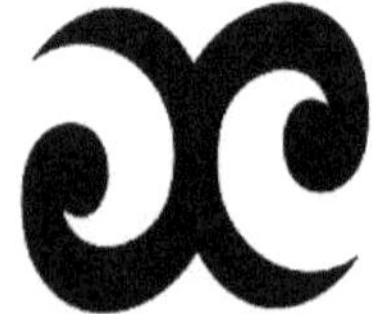 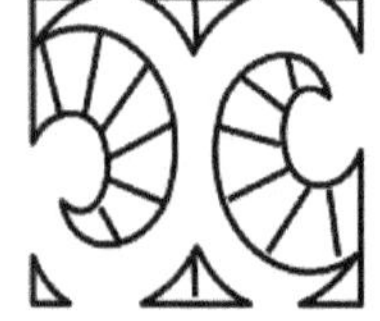

Y:

 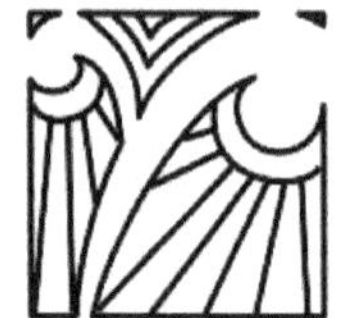

Z:

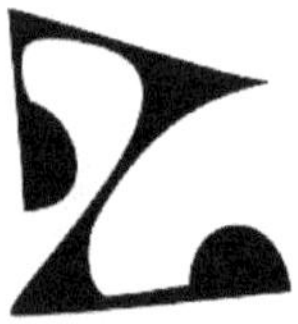 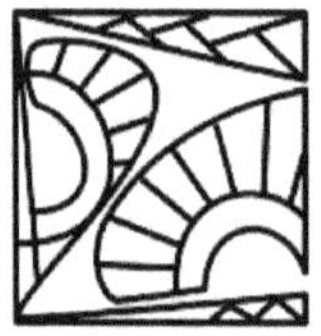

El proceso de creación

Cuando se prepara un maorigrama es importante decidir cuán claramente visibles queremos las letras: un relleno completamente negro hará que las letras destaquen más, lo que permite que sean de muy fácil lectura, mientras que un relleno tradicional hará que estén más integradas y en parte ocultas en el diseño.

La siguiente serie muestra diferentes variantes del mismo nombre "Bianca" con diferentes niveles de integración:

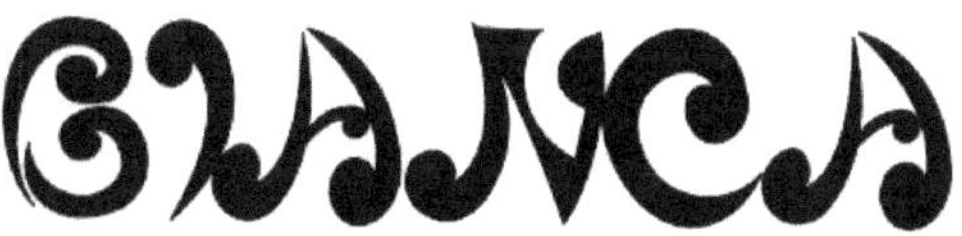

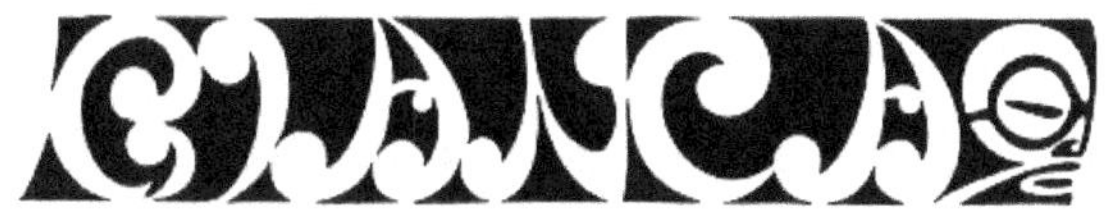

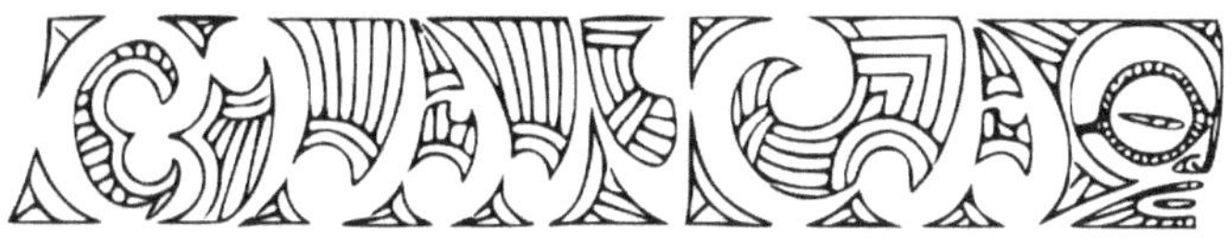

Como se muestra, más elementos pueden ser añadidos e integrados en el diseño para darle más significado. En el ejemplo anterior el *tiki* es para proteger a Bianca.

Cómo crear un maorigrama paso a paso.

1. Crea un trazo en el que se dibujará el maorigrama, por lo general con dos líneas paralelas (pero por supuesto cualquier forma se puede utilizar). Las líneas ayudarán a que todas las letras queden del mismo tamaño dando la forma final al maorigrama.

camino recto

camino redondeado

2. Comienza a escribir la palabra con las letras que has creado. Vamos a recrear el nombre Bianca usando las letras dadas previamente. Durante este paso, sólo tienes que utilizar la versión simple a la izquierda para cada letra. Coloca las letras pegadas una a otra dejando un poco más de espacio entre palabras si hay más de una; poniendo un color claro tanto a las líneas como a las letras se mantendrán los elementos finales claramente identificables:

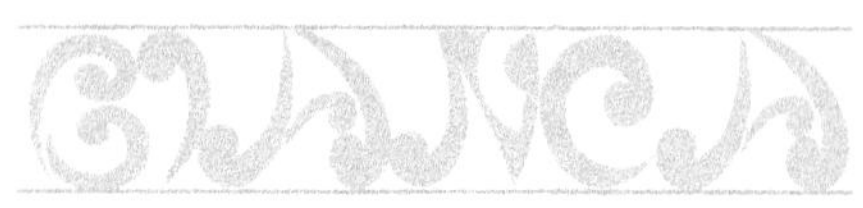

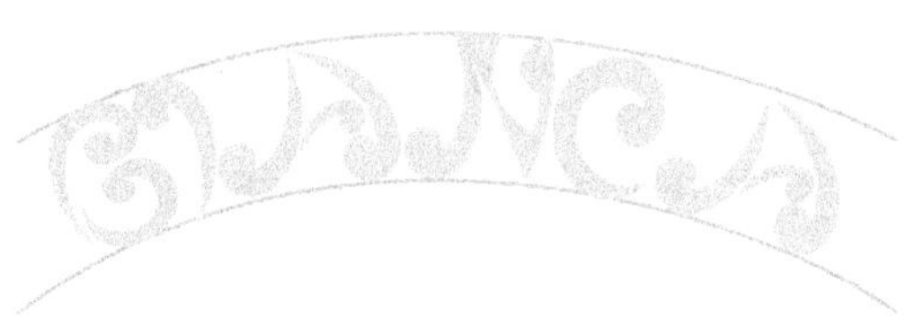

3. Traza con un color más oscuro todos los elementos incluidos entre las letras y las líneas de trayectoria:

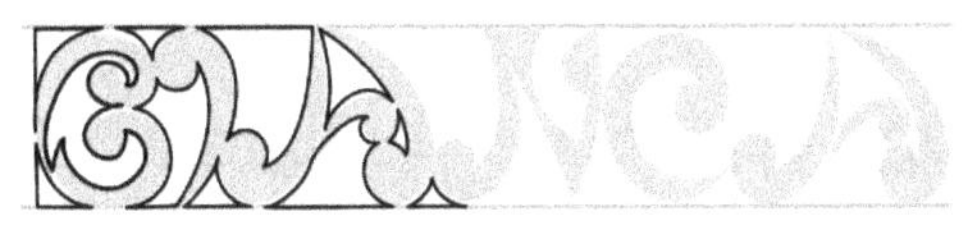

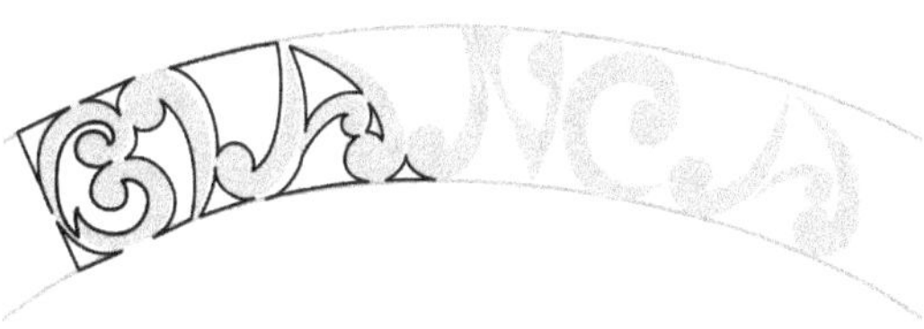

4. Quita las líneas iniciales y las letras, manteniendo sólo los elementos oscuros, y decide el tipo de relleno que prefieres. El resultado final se verá así:

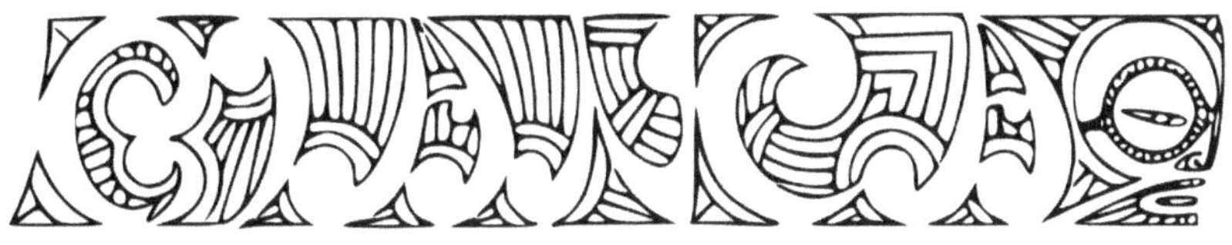

ANOTACIONES: las letras presentes en este libro se pueden utilizar "tal como son" en su versión simple, y rellenas, como guía para crear los maorigramas. La versión decorada es sólo para mostrar cómo podría quedar, es decir, para dar ideas, pero no funcionaría bien para preparar un maorigrama decorado tradicionalmente colocando simplemente las letras unas junto a otras: para crear un diseño uniforme y continuo, las partes entre las letras recortadas no deben tener discontinuidades evidentes, presentando en su lugar un relleno homogéneo.

A continuación un ejemplo de como aparecería el nombre "Bianca" situando las letras decoradas simplemente unas al lado de otras.

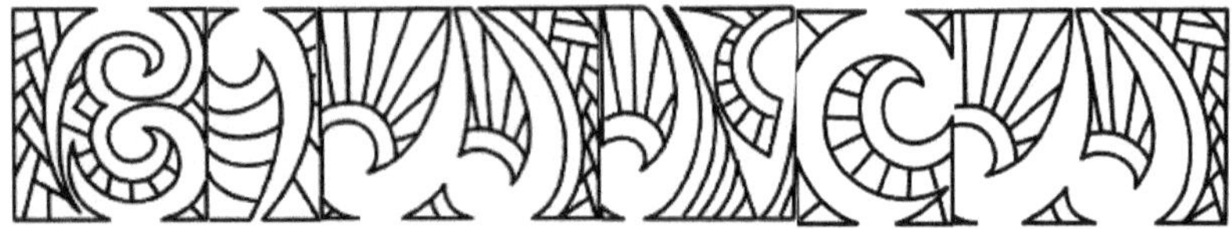

Comparando el ejemplo anterior con la siguiente versión se aprecia como el relleno puede ayudar a preparar un hermoso diseño.

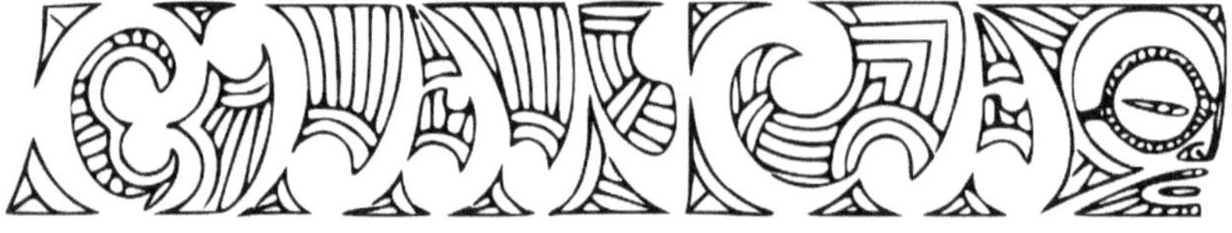

Ejemplos

[1]   **Brazalete MPG**

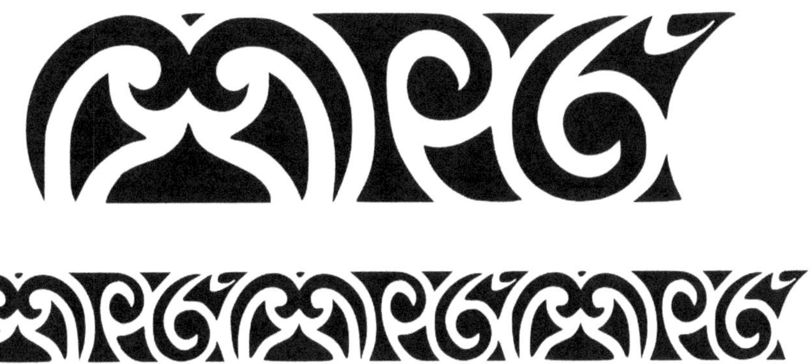

[2]   **Libélula**

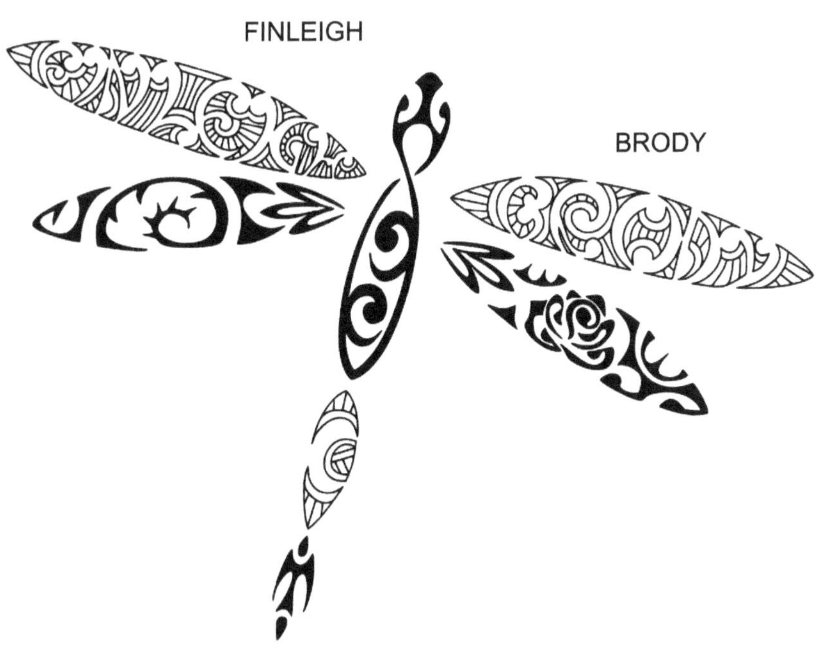

[3]   **Frases latinas**

[4]   **Sol-luna**

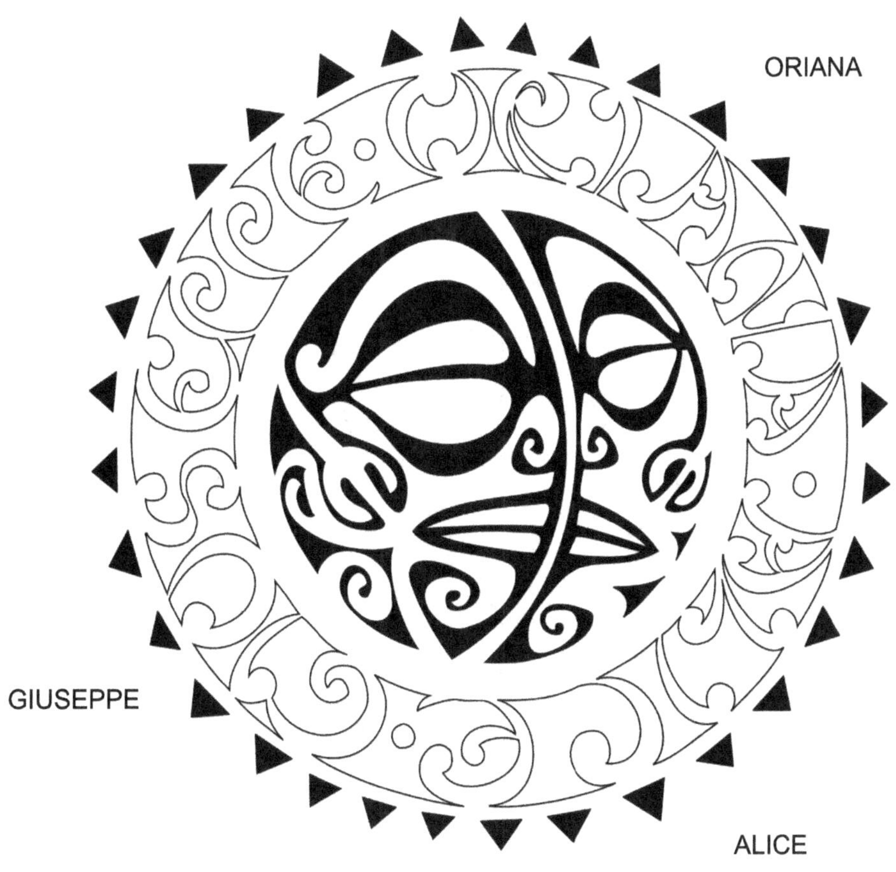

[5]   **Tortuga Balboa**

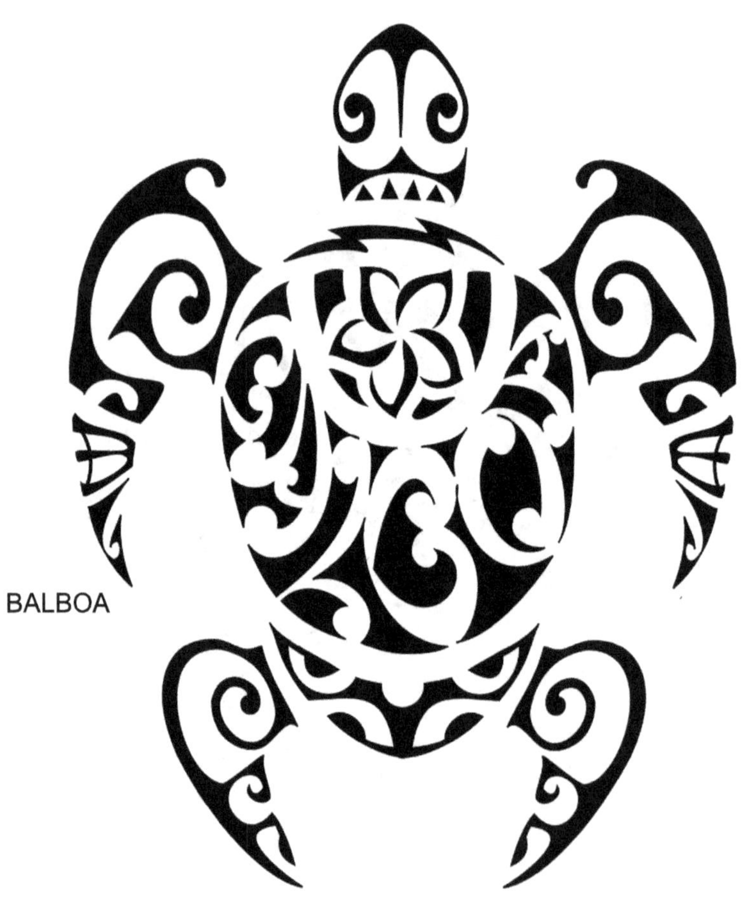

Tattoo traditions of Hawaii - *T. Allen: Mutual, 2006*

The journals of Captain Cook on his voyages of discovery - *J.C Beaglehole: The Hakluyt Society, 1967*

Polynesians: Prehistory of an Island People (Ancient Peoples and Places) - *P. Bellwood: Thames & Hudson, 1987*

Tattoos from Paradise: traditional Polynesian patterns - *M. Blackburn: Schiffer Publishing Ltd, 1999*

Oceanic Mythology - *Roland B. Dixon: Forgotten Books, 2010 reprint of 1916 edition*

An account of the Polynesian race: Its origin and migrations, and the ancient history of the Hawaiian people to the times of Kamehameha I - *A.Fornander; General Books reprint, 2010*

Wrapping in images: tattooing in Polynesia - *A. Gell: Clarendon Press, 1993*

Tattooing in the Marquesas - *W.C. Handy: B.P.Bishop Museum Bulletin no.1, 1922*

The Pacific Arts of Polynesia and Micronesia - *A.L. Kaeppler: Oxford University Press, 2008*

Adorning the World: Art of the Marquesas Islands - *E. Kjellgren and C.S. Ivory: Metropolitan Museum of Art, 2005*

The Hawaiian tattoo - *P.F. Kwiatkowski: Halona Inc., 1996*

Moko or Maori Tattooing - *H.G. Robley: Chapman and Hall Ltd, 1896*

L' art du tatouage aux îles Marquises - *K. Von den Steinen trad. par Denise et Robert Koenig: Haere Po, 2007*

TattooTribes.com
2016